Inhalt

Misunderstood

Cause I'm just a soul whose intensions are good
O Lord, please don't let me be misunderstood.
(The Animals, 1965)

Manchmal denke ich: Mein Leben ist eine lange Geschichte von Missverständnissen.

Folgt man meinem Bruder, ging es im Grunde mit meiner Geburt schon los. Er hatte eigentlich einen Schäferhund bestellt. Zum Trost und in einer Geste elterlicher Seltsamkeit haben meine Mutter und mein Vater mir dann übrigens den Namen des Mädchens aus seiner Klasse gegeben, in das mein Bruder zu der Zeit sehr verliebt war. Wenigstens heißt sie schön, mögen sie gedacht haben ... und trugen das plärrende Bündel etwas schuldbewusst nach Hause.

Als ich mit drei Jahren in den Kindergarten kam, hatte mir niemand erklärt, dass ich am Nachmittag auch wieder abgeholt würde. Ich dachte, ich wäre ausgesetzt worden und müsste jetzt hier leben, in diesem diakonischen Muff von Bohnerwachs, Klebstoff und Eiernudeln mit Wurstsoße. Das waren bange Stunden in diesem jungen Leben. Die Kastanienmännchen, die ich an diesem Tag bastelte, hätte man keiner Psychologin zeigen dürfen.

Als ich dann in die Schule kam, hatte mir wiederum niemand erklärt, dass ich da in den Tagen nach der Einschulung

noch mal hinmusste. Öfter sogar. Das war ein herber Schlag
– früh aufstehen war noch nie so mein Ding –, ich tröstete
mich mit der Aussicht auf tägliche Schultüten, doch auch die
blieben aus.

Und so ist die Reihe im Grunde bis heute fortzusetzen.

Ich habe das alles mal meinen Kindern erzählt, sie konnten
sich das überhaupt nicht vorstellen. Nachdem sie mich eine
Weile aufgezogen hatten mit der Schulnummer, fielen ihnen
dann aber auch Dinge ein, wo sie mal auf der Leitung gestanden hatten.

»Als ich bei WhatsApp neu war, dacht' ich voll lange,
ADHS wäre 'ne Abkürzung für ›Ach du heilige Scheiße‹«,
erzählte der eine, und der andere: »Ey, und ich dachte jahrelang, Hartz IV ist eine Droge. Weil es immer so hieß: ›Der ist
auf Hartz IV‹ ...«

Heute Morgen, als ich mich etwas gestresst für einen wich-
tigen Termin im Büro aufgebrezelt habe in dem Versuch,
möglichst businessmäßig auszusehen, klopfte mir der Kleine anerkennend auf die Schulter und sagte: »Mach dir keine
Sorgen, Mum, du siehst total aus wie 'ne Professionelle.«

Und so gibt es sie auch im Kleinerlei des Alltags, diese
Missverständnisse, die mich begleiten.

Mein Smartphone ist natürlich ganz vorn mit dabei, von
dem fühle ich mich auch oft nicht ernst genommen, von verstanden mal ganz zu schweigen. Ich habe ihm noch keinen
Namen gegeben, aber langsam wäre es an der Zeit. Will ich
»Spandau« eingeben, schreibt es »Spanien«. Bei »Kreuzberg«
»Kreuzigung«. Und schreib ich »Frohnau«, korrigiert es auf
– kein Scherz – »Frohnatur«. Was beweist: Mein Smartphone
hat von Berlin echt keine Ahnung. Oder ist CDU-Wähler.

Ich krieg natürlich auch andersrum manchmal kryptische Nachrichten. Meine Freundin Moni schrieb vor ein paar Tagen: »Verdammt, ich habe Grips.« Gemeint war vermutlich »Grippe«. Denke ich jedenfalls. Solche Nachrichten ersetzen ja manchmal den Denksport, und ich finde das eher unterhaltsam. Aber – ganz ehrlich – wenn du eine Nachricht zum Geburtstag kriegst, die mit der Anrede »Letzte Sabine« statt »Liebe Susanne« beginnt – da kann man dir noch so viele Nachrichten hinterherschicken, da bleibt was hängen.

Meine liebste Geschichte zu diesem Thema ist Gott sei Dank nicht mir selbst passiert. Das war noch vor der Zeit der Smartphone-Daddelei, als man noch den Anzeigenteil von Zitty las, wenn man weggehen wollte. Und Anzeigen aufgab, wenn man was suchte. Oder jemanden.

Doro war damals nach vielen schrecklich kurzen und meist auch sehr schrecklichen Beziehungen lange in Therapie gewesen, hatte neue Kraft geschöpft und war nun bereit, ihrem Leben eine Wendung zu geben. Tschakka, mag sie gedacht haben und beschloss, dass es nun Zeit sei für einen Neuanfang, einen neuen Mann, eine neue Beziehung. Lange feilte sie an ihrer Kontaktanzeige und entschied sich am Ende nur für einen Satz:

»Ich wäre dann so weit«, dazu ihre Telefonnummer.

Ich fand das ziemlich cool.

Das Problem war dann letzten Endes auch nicht die Anzeige selbst. Sondern dass die Zitty sie unter der falschen Rubrik abdruckte: Statt unter »W sucht M« erschien sie in der Rubrik »Sadomaso«, was dem Text »Ich wäre dann so weit« eine ganz andere Note verlieh – und im Übrigen eine ganze Reihe verstörender, aber durchaus horizonterweiternder Telefonate nach sich zog.

Mein Smartphone piepst, Moni schreibt: »Mir geht es schon viel besser, hab mit Ingwertee gegoogelt.«

Schreibe zurück, dass ich das auch mal probieren werde. »Grips braucht schließlich keiner«, schreibe ich. »Aber jetzt muss ich schlafen, morgen ruft Spanien wieder.«

Na dann. Gute Nacht, Marie.

Das Perlhuhn

Es gibt ja so Sätze, bei denen man einen Moment braucht, bis man weiß, was man darauf erwidern soll. Manchmal fällt es einem auch erst ein, wenn der Betreffende längst schon wieder weg ist, so geht es mir jedenfalls oft.

Letzte Woche beispielsweise habe ich von einem Kollegen eine Blume geschenkt bekommen. Also – fast. Er sagte wörtlich: »Susanne, ... ich wollte dir eine Blume zum Abschied schenken. Es wäre eine Calla gewesen, meine Lieblingsblume, ... aber dann war es schon so spät.«

Was sagt man da? *Danke?!* Ich glaube, ich habe »Danke« gesagt.

Ein anderer Kollege erzählte mir ganz unvermittelt von den Vorbereitungen auf seine anstehende Darmspiegelung. Es war noch nicht mal 8 Uhr, ich hatte mir eigentlich nur einen Kaffee holen wollen, seine Tür stand auf, und nun stand ich da in diesem Türrahmen, erwiderte was in der Art von »Ja blöd, dieses ganze Zeug vorher trinken, das macht wirklich keinen Spaß« und wandte mich zum Weitergehen. Doch da hielt er mich zurück. Leise schloss er die Tür hinter uns, sah mir tief in die Augen und sagte nach einer bedeutungsvollen Pause: »Ich habe dann immer solche Schwierigkeiten mit dem Stuhlgang.«

Ich bin Sozialarbeiterin, ich kenne seltsame Gespräche, schon von Berufs wegen – aber Sätze wie dieser überfordern mich. Mein Fluchtinstinkt meldet sich dann, und mir fallen höchstens blödsinnige Antworten ein. In diesem Fall war es: »Na, dann … guten Rutsch!« Was soll man auch sagen?

Erfrischend ist es dann, wenn man statt verstörender Botschaften einfach mal unerwartete Antworten bekommt. Wenn man zum Beispiel eine Kollegin fragt, wie es ihr geht, und sie antwortet mit dem Satz:

»Ich habe ein Perlhuhn getöpfert!«

Meine Kollegin Christa ist aus der Reha zurück und heute den ersten Tag wieder da. Ich freue mich wie Bolle, denn wenn Christa nicht da ist, fehlt mir ihr Lachen, meine Mundwinkel hängen ganz von allein zwei Grad tiefer, auf den Fluren ist es gefühlt zwei Grad kälter und vor allem um einiges langweiliger. Mit niemand anderem berede ich Episoden und Eskapaden, Lokalpolitik und Lotterleben so gerne wie mit Christa. Mit ihr kann man Sorgen teilen, tief schürfen, über Flachwitze lachen und in Sitzungen Grissini rauchen, wenn die nächste Zigarettenpause noch zu lange hin ist.

Christa ist empathisch, bis der Arzt kommt, und die Güte in Person. Wäre die Firma *Raumschiff Enterprise*, Christa wäre Counselor Troi.

Empathinnen haben es gemeinhin nicht leicht im Leben, deshalb habe ich mich sehr gefreut, als Christa sich die Zeit für eine Reha genommen und sich zur Abwechslung mal ein bisschen um sich selbst gekümmert hat. Nun ist sie zurück, und ich frage:

»Hey Christa, wie geht es dir, hattest du eine gute Zeit?«

Und sie antwortet mit zusammengekniffenen Augen und fester Stimme: »Ich habe ein Perlhuhn getöpfert!«

»Du hast was?«

»Ich habe ein Perlhuhn getöpfert!«

»Du hast ein Perlhuhn getöpfert.«

»Ja. Aus Rache.«

An dieser Stelle ist meine Neugier endgültig geweckt.

Es war rund um den Muttertag, erzählt sie dann, dass sie im Freizeitprogramm der Reha-Klinik das Töpfern für sich entdeckt hat und die folgenden drei Wochen Tag um Tag und voller Freude töpferte, was das Zeug hielt.

»Meine Kinder sind endlich groß, Susanne, verstehst du?«, sagt sie eindringlich und legt eine Hand auf meinen Unterarm: »Es ist an der Zeit!«

Als ich immer noch verwirrt schaue, sagt sie:

»All die Jahre, die ich mich freuen musste über selbst gemalte Bilder und all das getöpferte Zeug, von dem man nicht mal wusste, was es darstellen soll! Und immer musstest du alles geben und dich freuen und sagen: ›O wie toll, das hast du aber ganz schön gemacht, Liebling!‹, und dachtest eigentlich nur: ›Wohin jetzt wieder mit dem Scheiß?‹«

Ich denke nach. Und ja, ich teile diese Erfahrung. In meinem Nachttisch habe ich eine extra Schublade für so was, ganz unten. Hier finden sich laminierte Tuschebilder aus der Kita, mit Autos bestickte Lesezeichen, mit Reis gefüllte Polyestertiere und Schlüsselanhänger aus neonfarbenen Bügelperlen ... – die Muttertagsschublade.

»Ich habe für alle Kinder was getöpfert«, sagt Christa, »und sie dann dabei beobachtet, wie sie sich freuen mussten!« Ein Sohn habe einen Stiftebehälter bekommen mit einem modellierten Seestern darauf, der andere eine Art Schale, und Sohn Nr. 3 – da wisse sie auch nicht so genau, was es sein sollte. Während sie erzählt, blitzt es in ihren Augen. »Susanne«, sagt sie und nimmt meine Hand: »Ab heute wird zurückgetöpfert!«

Mich ergreift tiefe Ehrfurcht.

Nur das Perlhuhn – das hat sie behalten. Es steht auf dem Regal in ihrem Büro und soll ihr fortan eine Erinnerungsstütze sein. Und mir eine Mahnung, mich lieber nie, niemals mit Christa anzulegen.

Shake Shake

Oh Gott, das kann der Wecker doch nicht ernst meinen. Schwer liegt die Dunkelheit über der Stadt, schwer liegt mein Körper auf der Matratze, schwer liegt mein Kopf auf seinem Kissen und ist in keiner Weise bereit, sich von ihm zu trennen.

Das war aber auch eine blöde Idee reinzufeiern. Mitten in der Woche.

Nur noch mal kurz die Augen zumachen ...

»Mum, aufstehen! Wir haben verschlafen!«, ist das nächste, was ich höre. Mist. Ich springe aus dem Bett, ziehe mir schnell irgendwas an, verabschiede Sohn 1 und Sohn 2 und wache eigentlich erst auf, als ich vor dem Kühlschrank stehe und die Zahnpasta suche. Kaffee. Gebt mir Kaffee.

Aber dafür ist jetzt keine Zeit mehr. Hastig greife ich meinen Rucksack und stürze zur Tür hinaus.

Frische Luft ist ein Anfang. An der Bushaltestelle nutze ich die Wartezeit zum Schminken. Bei den Augenringen heute dauert das eine Weile, aber auf den 186er ist Verlass, der kommt nie, wann er soll, da hat man immer genug Zeit zum Schminken. Immer wenn ich den Slogan der BVG lese: »Weil wir Dich lieben«, denke ich: Ach ja, vielleicht kann sie es einfach nicht so *zeigen*? Und dann versuche ich, meine Antennen auf empfänglich zu polen, damit ich diese scheue Liebe nicht verpasse.

Gestern vor der Feier bin ich extra noch in der Drogerie gewesen, neue Wimperntusche besorgen. Das Betrachten der Regale dort ist für mich inzwischen wie das Stöbern in einem Satiremagazin. Die neuesten Trends: Unisex-Nude-Make-up. Also Schminke, die einen aussehen lässt, als wäre man einfach blass und ungeschminkt. Toll.

Und dann noch unisex, kann also auch bedenkenlos von Männern genutzt werden. Huh. Wenn da mal nicht ein Hauch von Revolution in der Luft liegt! Wenn das nicht explizit draufstünde, würde vermutlich nie ein Mann wagen, den Puder mal auszuprobieren, weil er Angst hätte, sich sofort in eine Frau zu verwandeln. Das ist wie mit diesen Einmalrasierern. Frauen kaufen lieber die doppelt so teuren mit dem rosa Griff, weil die *extra für Frauen* sind. Und weil das Unterbewusstsein irgendwie die Vorstellung hat, dass in dem Moment, wo man die blauen benutzt, sofort Bartwuchs einsetzt. Versteh, wer will.

In der Ecke mit der Wimperntusche stand gestern zudem ein riesiges Schild mit dem Schriftzug: »Jetzt neu: mit Shake-Shake-Technologie!« Ich war neugierig. Und im Ernst, es handelt sich um Wimperntusche, bei der man die Flasche schütteln kann, wenn die Farbe ein wenig eingetrocknet ist. Sensationell! Am Ende erfinden sie noch eine Zahnpasta mit Quetsch-Quetsch-Technologie. Aber dafür ist die Zeit vielleicht noch nicht reif.

Als der Bus endlich kommt und sich wenig später mit Schmackes in die Kurve von der Birkbuschstraße zum Wolfensteindamm legt, meldet sich mein Magen. Es war doch ein bisschen viel Sekt gestern. Man könnte sagen, mir steckt noch der Mumm in den Knochen.

Als ich vor einigen Jahren im Krankenhaussozialdienst

gearbeitet habe, gehörte auch die Beratung alkoholkranker Patienten zu meinen täglichen Aufgaben. Ich bin froh, dass das heute nicht mehr so ist – mit dem Gesicht, das ich gerade habe, würde mich jeder Klient auslachen. Wir würden uns in stummer Eintracht auf die Schultern klopfen und zusammen ein Konterbier zischen.

In diesem Zusammenhang erinnere ich mich voller Freude an die Szene, als die Tochter einer alkoholkranken Patientin mich anrief, damals in meinem Büro im Klinikum Martin Luther. Sie meldete sich am Telefon mit dem großartigen Satz: »Guten Tag, mein Name ist Schmitz, und meine Mutter liegt seit gestern bei Ihnen im Luther und Wegner.«

Manchmal braucht es gar nicht viele Worte.

Etwas später am selben Morgen stehe ich mit einem sehr bitteren Kaffee auf dem S-Bahnhof Zoo. Kurz denke ich darüber nach, den Becher zurückzutragen und dem freundlichen Herrn am Tresen zu erklären, dass »Coffee to go« übersetzt nicht »Kaffee zum Weglaufen« bedeutet. Aber dann kommt die S3, und jeder, der öfter S-Bahn fährt, weiß, da sollte man nicht zögern, die kommt vielleicht so schnell nicht wieder, man kann es nie wissen. Irgendeine Weiche ist ja immer gestört. Oder ein Signal. Oder es ist wieder Wetter. Das Wort »Zugempfindlichkeit« jedenfalls kriegt da noch mal eine ganz andere Dimension.

Und wofür das alles?

Als ich eine Stunde später an meinem Spandauer Schreibtisch sitze, stelle ich fest, dass ich heute leider nicht besonders leistungsfähig bin. Mein Kater schnurrt, mein Kopf möchte auf irgendwas Weiches, meine Augen möchten das Schild »Geschlossen« an ihre Ringe hängen. Ständig verlese und verspreche ich mich. In einer Sitzung warne ich in meinem Beitrag vor einer zickenden Zeitbombe, das ist mir schon ein bisschen peinlich. Andererseits – wenn ich mal ein Buch über meine Schwiegermutter schreibe: Der Titel würde mir schon gefallen.

In einer Mail möchte ich nun eine Wegbeschreibung an eine Frau versenden, die morgen zum Bewerbungsgespräch kommt. Glücklicherweise lese ich noch mal Korrektur. Manchmal spielt es schon eine Rolle für die Bedeutung eines Satzes, an welcher Stelle man das Leerzeichen setzt. Ich wollte schreiben: »Wenn Sie durch den Haupteingang kommen und *geradeaus laufen* ...« Was ich stattdessen geschrieben habe, war: »Wenn Sie durch den Haupteingang kommen und *gerade auslaufen* ...« Ich glaube, ich sollte heute ein bisschen früher Schluss machen.

Auf dem Heimweg hole ich im Supermarkt noch etwas Zwieback. Ich passiere das Regal mit Wein und Sekt sehr schnell und fast ohne hinzugucken. Im Vorbeigehen lese ich auf einem Etikett »Borderline«, bei nochmaligem Hinsehen ist es dann aber doch »Bardolino«. Ich muss ins Bett.

Zu Hause angekommen, fix und fertig mit Tee und Wärmflasche endlich wieder unter der weichen Decke, denke ich, ich könnte doch zum Einschlafen noch was lesen. Eine Freundin hat mir ein Buch geschenkt mit dem Titel »Weil Du es wert bin«. Seitlich aufgedruckt entdecke ich erst jetzt den Stempel »Preisreduziertes Mängelexemplar«. Das nenn ich mal stimmig.

Ich glaube, ich mache jetzt einfach mal die Augen zu.

Ein Sommerabend oder:
Die Krux mit dem Kontext

Schon als ich zur Tür reinkomme, spüre ich seinen Blick auf mir. Kein Zweifel, der junge Mann sieht wirklich attraktiv aus.

Ein warmer Sommerabend, ein Hauch von Gewitter liegt über der Stadt, ein Luftzug trägt den Duft von Lindenblüten und heißem Asphalt in den Raum. Ich suche mir einen Platz und lächele in mich hinein, denn mein Gefühl hat mich nicht getrogen: Kaum dass ich sitze, kommt er rüber, schenkt mir einen freundlichen Blick aus seinen großen dunklen Augen und fragt mich nach meiner Telefonnummer. Ich zögere nur kurz, dann greife ich zum Stift.

Das ist mir wirklich lange nicht passiert, denke ich und genieße den Augenblick.

Für einen kleinen Moment blende ich aus, dass dies eine Pizzeria ist und er der Kellner, der aufgrund der geltenden Hygieneschutzregeln meine Daten erfassen muss, und stelle mir vor, es wäre der Beginn einer interessanteren Geschichte.

O tempora, o mores. Die Dinge sind im Wandel, die Pandemie bringt manche Seltsamkeit mit sich, und das Leben im Spannungsfeld zwischen flügge werdenden Kindern und abbauenden Eltern birgt so einige Herausforderungen.

Gestern habe ich meinen Vater im Pflegeheim besucht, wir saßen im Garten, eine Bewohnerin von seiner Etage kam mit ihrem Rollator vorbeigeschoben und sagte kokett: »Na, Herr Riedel, da haben Sie ja heute richtig adretten Damenbesuch!«

»Ist nur meine Tochter«, erwiderte er und winkte ab. Ich bemühte mich, das »nur« zu überhören und mich stattdessen mit dem Wort »adrett« als eine Art Kompliment anzufreunden, da fügte die Frau staunend hinzu: »Ach, Ihre Tochter? Na, das hätte ich Ihnen ja gar nicht zugetraut! Dass Sie eine sooo alte Tochter haben!«

Wie reagiert man angemessen auf so einen Satz?

Ich versuchte schlicht, die Fassung zu bewahren, mein Vater freute sich und fühlte sich geschmeichelt.

Weniger subtil ist da meine Schwiegermutter. »Lass dich mal ansehen!«, sagte sie beim letzten Besuch. »Hast du Zahnschmerzen? Oder hast du einfach nur so'n dickes Gesicht bekommen?«

Wenn ich auf meinem Handy ein Wort tippe, das mit »sch« beginnt, schlägt es mir ganz von alleine die Wörter »schwierig« und »Schwiegermutter« vor.

Mein Handy kennt mein Leben.

Manchmal sind es ja nur Kleinigkeiten.

Keiner duzt einen mehr zum Beispiel. Wenn mich mal jemand auf der Straße nach Feuer fragt, dann nur noch mit einem höflichen »Sie« davor.

Klar, dass mich die jungen Hüpfer siezen, gibt ja bestimmt auch Leute, die da Wert drauf legen. Vielleicht bin ich da etwas sonderbar. Als ich das neulich einer Freundin zu erklären versuchte, hörte sie mir sehr aufmerksam zu, schaute nachdenklich – und schlug mir dann fröhlich vor, ich könne ja einfach mal wieder zu IKEA gehen, wenn mir das Duzen fehle.

Manchmal ist geteiltes Leid nicht halbes Leid.
Manchmal macht geteiltes Leid auch sehr einsam.

Aber okay, vielleicht bin ich ja auch das Problem und einfach nicht aufgeschlossen genug für neue Lösungsansätze?

Geh ich halt zum Duzen zu IKEA.

Imaginiere ich halt den Flirt mit dem Kellner.

Und wenn ich will, dass mal wieder jemand »Ausziehen!« ruft, gehe ich an der Ostsee an den FKK-Strand. *Mit* Textil. Habt ihr das mal probiert? Das ist nichts für zarte Gemüter, da kann man sich ganz schön was anhören. Die nackte Wut, sozusagen. Aber das ist eine andere Geschichte.

Da fällt mir ein Dialog ein, den ich neulich beim Stöbern in einer kleinen Boutique mit anhörte. Die Umkleidekabine war besetzt, der Vorhang zugezogen, plötzlich hörte ich eine Männerstimme flüstern: »O Gott, zieh das sofort aus ...«

Waren da wirklich *zwei* Leute in der Kabine? Jetzt war ich ja doch neugierig. Ein Buch fiel mir ein, das ich irgendwann mal in der Hand hatte, also für einen Freund, es hieß »How to Have Sex in Public Without Being Noticed«. Doch meine Fantasien wurden jäh ausgebremst, als die Männerstimme nun etwas lauter und flehender sagte: »O Gott, bitte, zieh das bitte aus! Da drin siehst du aus wie deine Mutter.«

Dieser verflixte Kontext kann einem manchmal ganz schön den Spaß versauen.

Bericht von der Baustelle

Als ich in der 7. Klasse war, hieß mein Klassenlehrer Herr Schall. Neben Mathe und Physik unterrichtete er zuweilen auch Lebensweisheiten, außerdem sammelte er in einem kleinen Extraheft die schönsten Ausreden der Schüler fürs Zuspätkommen. Ich erinnere mich an Jens mit: »Ich bin mit der Kutsche gekommen, und unterwegs ist das Pferd gestorben.« Die habe ich später mal im Büro versucht, da haben mich alle nur komisch angeguckt.

Humor ist eine zarte Blume.

Ich erinnere mich auch, dass Herr Schall irgendwann mal erzählte: »Ich mache das mit dem Dreck immer so: Ich kehre alles unter den Schrank, und wenn der Schrank sich hebt, ziehe ich um.«

Hätte ich nur auf ihn gehört, denke ich derzeit immer wieder. Denn: Ich ziehe nicht um, ich renoviere.

Anders ausgedrückt: Seit rund zwei Wochen liegt unsere einstmals ganz nette Wohnung in Schutt und Asche, weil ich fand, »ein bisschen renovieren« wäre schön. Ich dachte anfangs einfach an etwas frische Farbe an den Wänden, zack, hellere Räume, ein wenig ausmisten vielleicht ... Und dann brach die Baustelle herein.

Alles muss ja erst mal aus- und um- und aufgeräumt werden, wenn man Möbel abrücken will, und Papierstapel, die man zu sortieren beginnt, explodieren förmlich, statt kleiner zu werden, sobald man wagt, ihre über Jahre gewachsene Statik anzurühren. Und es hat sich so einiges angesammelt. Ich fand Gebrauchsanweisungen von Geräten, die wir schon seit Jahren nicht mehr haben. An manche kann ich mich gar nicht erinnern, um ehrlich zu sein. An einer war noch die Rechnung dran. In DM, das hat mir zu denken gegeben. Mein Lieblingsfundstück, ganz unten im Stapel, war das Protokoll eines Elternabends aus der 3. Klasse meines Sohnes. Und der hat dieses Jahr Abitur gemacht. Der Passus mit der Überschrift »Abstimmungsprotokoll Weihnachtsbasar: Waffelstand versus Fröbelsterne« nimmt darin eine ganze DIN-A4-Seite ein. Es gibt Dinge, die ich nicht vermisse.

Aufräumen ist nicht so meins. Und wenn ich doch mal anfange, dauert es auch immer recht lange, weil ich dazu neige, jede Notiz, jede Postkarte, jede Widmung im aussortierten Buch noch mal durchzulesen. Ich bin auch so jemand, die beim Abreißen der alten Tapete erst mal die Zeitungen liest, die darunter zum Vorschein kommen. Ich liebe das.

Renovieren dauert daher bei mir etwas länger ...

Da ich mir dessen bewusst bin, habe ich auch das Angebot meines Nachbarn nicht ausgeschlagen, mir ein bisschen unter die Arme zu greifen. Goran wohnt noch nicht so lange im Haus und ist dankbar für ein bisschen Kontakt und Geplauder und die eine oder andere selbst gekochte Mahlzeit. Mein Mann ist wieder mal längere Zeit beruflich in der Weltgeschichte unterwegs und die Kids in der Schule oder beim Sport. Wohlan, dachte ich. »Wenn wir das zu zweit wuppen, können wir gleich noch die Lampen neu machen und die Türen lackieren«, sagte ich zu Goran, und Goran sagte im Brustton der Überzeugung das, was er immer sagt: »Kein Problem!«

Wenn man sonst im Alltag ständig umgeben ist von deutschen Bedenkenträgern, ist man sehr versucht, dieses »kein Problem« zu glauben und zu lieben. Und wenn in der Küche die Bank eh zum Streichen abgeschraubt werden muss, könnte doch bei der Gelegenheit auch der Fußboden ... und so weiter. So nahmen die Dinge ihren Lauf.

Nun sitze ich hier auf dieser Baustelle, die mal meine Wohnung war. Der gesamte Hausrat ist in Kisten verpackt wie bei einem Umzug, nur mit dem Unterschied, dass ich keine neue Wohnung habe, in die ich die Dinge tragen kann. Alles ist klebrig, verhangen, verstaubt und bekleckert.

Ausnahmslos alles, zu dem Goran »kein Problem« sagte, hat sich als Problem entpuppt. Bosnische Flüche sind sozusagen die Schwester von »kein Problem«.

Ich habe auf die Weise nebenbei ein bisschen Bosnisch gelernt. Das Wort, das mir am meisten in Erinnerung bleiben wird, ist »zašto«.

»Zašto« heißt »warum«.

Immer wenn wir anfangen und so richtig was schaffen wollen, muss Goran noch mal kurz in den Baumarkt. Zu Globus. Weil er den gut kennt. Auch wenn die nächste Filiale 14 Kilometer entfernt ist. Zu Obi sind's nur zwei Kilometer, aber Goran sagt, er kann kein Obi.

»Kein Problem«, sage ich also. Und beiße die Zähne zusammen, dass der Zementstaub nur so knirscht. Das ist der Haken an ehrenamtlichen Helfern: Du hast kein Recht zu meckern. Wenn er endlich wiederkommt, ist immer schon Abend, und wir schaffen nix mehr.

Seit ein paar Tagen hat Goran nun seinen Schwager zu

Besuch und den auch gleich zum Helfen mitgebracht. Fand ich eine gute Idee.

Seitdem fahren sie immer zu zweit zu Globus und sind für Stunden verschwunden. Sein Schwager heißt auch Goran. Goran und Goran. Könnte ich Comics zeichnen, ich würde ständig malen: Lolek und Bolek war gestern, ich habe Goran und Goran.

Ihr Deutsch ist nicht so gut, heute Morgen sagte der eine mit großer Geste: »Arzt hat gesagt, ich habe Saumagen«, und ging erst mal wieder ins Bett. Gemeint war wohl Sodbrennen. Der andere Goran blieb. Der fing dann an, mit mir über Geld zu verhandeln, weil das in der abgerissenen Küche mit den Mahlzeiten ja nun doch nicht so regelmäßig sei wie gedacht und überhaupt: »Weißtu, brauch ich Geld«, sagte er treu. »Mach ich mir neues Schlafzimmer. Mit Springbockbett, weißtu ...«

Wusstich nicht.

Nun sitze ich allein inmitten einer kleinen Ruine, die mal mein Heim gewesen ist. Wenn die Abdeckplane knistert, während das Licht der Abenddämmerung auf die nimmermüden Staubpartikel und die abgeschliffenen Türrahmen fällt, ist es fast ein bisschen romantisch. Ich denke dann bei *Unsere kleine Farm* hat's auch nicht viel anders ausgesehen, und alle waren glücklich, und am Abend spielte Charles Ingalls auf seiner Fidel ... Vielleicht sind es aber auch nur die Dämpfe von den offenen Farbeimern, die überall rumstehen, die da irgendwas mit meinem Gehirn machen.

Gestern Abend war ich nach langer Zeit mal wieder unter Menschen, bei der Geburtstagsfeier eines Freundes. Ich verabschiedete mich gegen Mitternacht aus einem eigentlich sehr interessanten Gespräch und hörte mich den Satz sagen: »Ich muss jetzt echt nach Hause, die zweite Lackschicht beim Klavier auftragen.« Später dachte ich, der Mann, mit dem ich mich so nett unterhalten habe, muss das für eine der dämlichsten Ausreden ever gehalten haben. Herr Schall hätte sofort sein Heft gezückt. Christian, wenn du das hier liest: Ich hatte *wirklich* ein Klavier zu lackieren! Und habe in der Nacht gleich noch das Wohnzimmer fertig gestrichen. Im Schein der alten Glühlampen zog ich Bahn um Bahn in einem leuchtenden pastelligen Blaugrün und ging erschöpft, aber zufrieden schlafen.

Der Farbton heißt *Sanfter Morgentau*, ich hatte mich am Ende gegen *Stilles Wasser* und *Dächer von Paris* entschieden. Die Farben im Baumarkt reden ja inzwischen mit einem. Ich weiß nicht, ob das noch Produktgestalter oder schon Psychologen sind, die die Farbbeschreibungen kreieren. Ich warte ein bisschen darauf, dass sie vor den Regalen direkt einen Stuhlkreis aufbauen und regelmäßige Meetings abhalten: »Hallo, ich bin Susanne, und ich habe mein Schlafzimmer in *Caramel* gestrichen.« – »Hallo, Susanne.«

Vor mir in der Farbabteilung schob ein unmotivierter Mitarbeiter einem etwas verloren wirkenden, blassen Herren seine frisch angemischte Farbe über den Tresen: »So bitte, einmal *Flammendes Herz*.«

Der Kunde nahm seinen Eimer und schlurfte mit hängenden Schultern davon. Ich sah ihm lange nach und wünschte ihm von Herzen alles Gute.

Als ich jedenfalls bei Sonnenaufgang die Augen aufschlug und beim gespannten Blick ins frisch gestrichene Zimmer nebenan ein Farbenmeer von lichtdurchflutetem Morgentau erwartete, wurde mir schlagartig klar, dass man bei Glühlampenlicht nichts streichen sollte, was auch tagsüber da ist. Niemals.

Sanfter Morgentau sah nicht wirklich aus wie sanfter Morgentau. Es war mehr so eine *Brise Nikotin* mit einer verspielten Nuance von *Aufwachraum*. Eine Farbe, die eine klare Sprache spricht. Eine Farbe, die sagt:

»Könnte echt mal wieder gestrichen werden.«

Verzweifelt rief ich meine Freundin Ela an, um ihre Meinung einzuholen.

Als sie wenig später eintrat und begeistert ausrief: »Oh cool! Echtes Schleswig-Holsteiner Bahnhofsgrau!«, da wusste ich wieder, wozu man Freundinnen hat.

Allmählich legt sich der Staub. Tag für Tag wird es nun etwas gemütlicher auf meinem Bahnhof, ich habe im DB-Shop eine passende Uhr gekauft, dann kann man einfach sagen: »Das ist Stil, alles Absicht, original Schleswig-Holsteiner Bahnhofs-Chic.« Wenn ich das selbstbewusst genug vortrage, setze ich vielleicht einen neuen Trend.

Die Konten sind leer, aber bald ist die Renovierung geschafft.

Mit ein bisschen Glück sieht's am Ende vielleicht fast so schön aus wie vorher.

Fransen und Flausen

» Well, he was Thailand based
She was an Airforce wife
He used to fly weekends
It was the easy life …«

1981. Meine Welt war so quadratisch wie die Cover der LPs, die ich im Laden gegenüber für lang gespartes Taschengeld erstand. Nach der Single von »Cambodia« kaufte ich die LP »Select«, auf deren Cover die sagenhaft schöne wilde Kim zu sehen war, fortan das Idol meiner frühen Jugend: Kim Wilde. So wollte ich aussehen, so cool, so schön, so zerzaust-feminin.

Es brauchte noch ein wenig Anlauf, um mich dann zusammen mit meinen Freundinnen Tessa und Kirsten auf den Weg zum Friseursalon zu begeben. *Salon Vera* am Hindenburgdamm, zwischen *Butter Lindner* und *Kartoffel Krohn*. Ich hätte nachdenklich werden sollen. Aber es war halt der einzige Friseur, den wir kannten, weil er auf unserm täglichen Weg zur Grundschule lag.

Wild entschlossen, die LP unter dem Arm, betrat ich den Laden und hielt einer mittelblonden, mittelalten und nunmehr mittelmäßig verwirrten Dame mit Schere und Kamm das Cover unter die Nase: »Das will ich. Können Sie das?«

Sie sagte nicht Ja, sie murmelte irgendwas, aber sie sagte auch nicht Nein. So setzte ich mich.

Ich mache es kurz: Sie machte es kurz.

Ich wollte Kim Wilde und ging als Lady Di nach Hause. Ab waren die langen Haare, mich zierte eine 1A-Seitenscheitel-Föhnfrisur.

Ich weiß nicht, was am schlimmsten war: die händeklatschende Begeisterung meiner Mutter über das blonde Prinzesschen, das da mit gesenktem Haupt im Treppenhaus erschien (ich weiß noch, dass sie kurz hinter mich schaute, vielleicht, ob Kirsten dabei war, vielleicht suchte sie aber auch die Schleppe) ... oder der Satz meines Vaters: »Na, das ham se ja ganz ordentlich geschnitten, Mädchen!« ... oder die tröstenden Worte meiner sehr mitleidig dreinblickenden Freundinnen, die vergeblich versuchten, mit Haargel etwas Unordnung auf meinem Kopf anzurichten.

Die Unordnung auf dem Kopf, das Stachelig-Fransige es hätte so gut zu den Gedanken darunter gepasst. Diese blieben einstweilen unter einem akkurat geföhnten Pony verborgen.

Cat Stevens kommt mir in den Sinn: »First cut is the deepest.«

Vielleicht war der auch mal beim falschen Friseur.

Sehnsucht nach Rauchzeichen

Ich stehe in der Küche. Mein Induktionsherd hat sich ausgeschaltet, weil er mich vor irgendeiner Gefahr beschützen will, die ich nicht sehe. Die Nudeln sind noch jenseits von al dente, ich habe Hunger, ein Warnsignal blinkt, und ich finde die Bedienungsanleitung nicht.

Im Radio reden sie darüber, wie man Organe mit 3D-Druckern herstellen kann.

Und ich habe es heute Morgen nicht mal geschafft, die Verteilerliste für die Lesebühne in Outlook zu importieren. – Wann ist mein Leben so kompliziert geworden?

Mittlerweile kann ich die Aussteiger verstehen, die ihre Handys verschenken, in abgelegene Hütten ziehen und ihr Gemüse selbst anbauen.

Es ist so weit, dass ich mich nach offenem Feuer sehne, ehrlichem Holz.

All die Herausforderungen des Alltags – sie sind mir zu komplex. Ich bin studierte Sozialarbeiterin, aber wenn ich über der Vielzahl von Möglichkeiten der Energieversorgung, der Versicherung, Altersvorsorge und Telefontarife sitze und mir obendrein all diese PINs und PUKs und IBANs und BICs merken soll, ganz ehrlich: Ich möchte mir manchmal selbst einen Betreuer bestellen.

Ständig ist man mit Informationsverarbeitung und Entscheidungen beschäftigt. Schon vor dem Deoregal im Supermarkt geht es los, überall geht es hier um Confidence und Protection, um Zuverlässigkeit und Diskretion. Meine Güte! Ich will die Dinger *benutzen* und nicht einstellen.

Und wenn ich mit dem Einkauf durch bin, bin ich so durch, dass ich an der Kasse stehe und mit meinem BVG-Ticket bezahlen will oder statt der PIN die Summe eingebe, die ich bezahlen soll.

Neben all dem Was und Wieviel schwebt ja auch immer die große Frage des Warum über meinem Kopf.

Warum gibt es Zahnbürsten mit Bluetooth?

Warum heißt ausgerechnet das alkoholfreie Bier Beck's Blue?

Überhaupt: Namensgebung für Produkte ...

Ein älterer Mann saß neulich in einem E-Rollstuhl neben mir. Der E-Rolli kam aus der Serie »Quickie«, das stand in fetten Lettern auf der Rückenlehne. Ich meine: »In Würde altern« wird dir da nicht leicht gemacht, oder? Mit der Logik kannst du auch gleich noch 'ne Datingplattform für Senioren erfinden und sie *Alttours* nennen. Oder *Retropopp*. Doch ich schweife ab.

Ständig musst du dich also orientieren und entscheiden. Warst du früher krank, bist du zum Arzt gegangen. Heute gibt es derart viele Fachrichtungen, dass du über der Entscheidung, ob du jetzt zum Orthopäden, Chiropraktiker, Psychotherapeuten oder Heilpraktiker gehst, so alt geworden bist, dass eh nur noch der Geriater infrage kommt.

Beim Abendbrot sind meine Söhne und ich neulich beim Thema Akupunktur gelandet. Eine Freundin hatte mir von ihren

Erfolgen im Kampf gegen den ewigen Heißhunger auf Süßes berichtet. Da ich ein Kind habe, das meine Liebe zum Essen teilt und morgens schon mal Sätze sagt wie »Ich spüre die Macht in mir. Es könnte auch Hunger sein ...«, flocht ich das Thema unauffällig ein. Ich erzählte den Kids von den Grundannahmen der Akupunktur, wir diskutierten das Für und Wider alternativer Behandlungsmethoden und hatten ein richtig interessantes Gespräch. Dachte ich. Bis mein Jüngster fragte: »Mum ... wann gehen wir mich denn nun gegen Döner impfen?«

Nichts begriffen, denkt man.

Und andererseits: Wenn das seine Möglichkeit ist, die Komplexität der Welt auf das eigene Leben herunterzubrechen – sei's drum! Vielleicht ist das das Geheimnis der Informationsverarbeitung in Zeiten der Reizüberflutung: das Übersetzen in die eigene Sprache und die eigene Lebenswelt. Nur speichern, was man begreift. Den Dingen eigene Namen geben, die man versteht. Wohlan denn.

Die Sprache und das Sprachverständnis sind in ständigem Wandel. Ich verstehe sie nicht immer, die Generation nach uns, aber umgekehrt ist es ja nicht anders. Als mein älterer Sohn, der Basketballer ist, sich mal einen Morgen nicht richtig fit fühlte, fragte er ganz ernsthaft aus der Dusche heraus, ob wir noch »das Shampoo für die Sprungkraft« hätten, die bräuchte er heute ganz dringend.

Mein Modekatalog warb mal für Prämien mit der Überschrift: »Jetzt Freundin gewinnen!« Ein begeisterter 13-Jähriger fragte: »Okay! Was muss ich da machen, um eine Freundin zu gewinnen?«

Es kann vorkommen, dass sie »Karfreitag« mit »C« schreiben und, wenn ich ein Gedicht rezitiere, Dinge sagen wie: »Das ist doch ein schöner Spruch fürs Amnesiealbum.«

Zitiere ich aus einem Louis-de-Funès-Film und amüsiere mich köstlich, flüstert der eine tröstend zum andern: »Den Humor musst du nicht verstehen. Das war früher, als die Filme noch in Wände geritzt wurden «

Genau. Damals, als die Menschen in Höhlen lebten und ihre Döner selbst erlegten.

Die Nudeln derweil sind immer noch jenseits von al dente.

Ich geh mal Holz holen.

So siehst du aus

Frühling, ein Café in der Gutsmuthstraße. Kurz überlege ich, ob ich mir das Frühstück »Crystal Mett« gönne, das aus einem Kristallweizen und einem Mettbrötchen besteht, bestelle mir dann aber doch nur einen Kaffee. Die nette junge Frau hinterm Tresen sagt: »Du hast die Nummer zwölf, alle weiteren Bestellungen dann bitte auf die Zwölf.«

»Voll auf die Zwölf«, erwidere ich. Sie guckt ratlos. Ich fand's komisch.

Aber ich sehe halt auch nicht komisch aus.

Das hat mir schon mal jemand gesagt: eine junge Hip-Hopperin, die mal mit mir zusammen auf einer kleinen Lesebühne in Schöneberg eingeladen war. Ich kam von der Bühne zurück, und sie sagte mit erschüttertem Gesicht: »Das war komisch. Du siehst gar nicht aus, als ob du komisch bist.«

Grundsätzlich mag ich es sehr gerne, nicht genau in irgendwelche Schubladen zu passen, und kann über solche Sätze dann sehr schmunzeln.

Aber in letzter Zeit wird mir irgendwie ständig gesagt, wie und wonach ich aussehe – oder eben nicht.

Vor ein paar Tagen zum Beispiel habe ich bei Karstadt einen Besteckkasten gekauft. Das Ding war in einem großen Karton verpackt, und nein, ich wollte natürlich keine Tüte. Der Azubi an der Kasse – um die zwanzig, Vollbart, Gangsterrapperblick und tiefe Stimme – sagte: »Na, dann auf Wiedersehen. Und, äh, viel Freude damit.«

Das hatte man ihm wohl so beigebracht, es kam allerdings noch nicht so richtig authentisch rüber. Ich fragte mich auch, was sich ein zwanzigjähriger Mann wohl darunter vorstellt, wenn ich viel Freude habe. Mit einem Besteckkasten.

Ich fragte ihn, ob ich nicht so einen »Bezahlt«-Aufkleber bräuchte, wenn ich jetzt mit dem Ding aus dem Laden spaziere, darauf er: »Ach Quaaatsch. Sie sehen doch nu echt nich' aus, als ob sie klauen, Mann. Bei mir wär' das schon anders, aber so ...«, dabei machte er eine unbestimmte Handbewegung von oben nach unten, die vermutlich auf mich als Gesamterscheinung hinweisen sollte.

Ich bin mir ganz sicher, er hat das nett gemeint. Dennoch war ich total knurrig, als ich den Laden dann tatsächlich unbehelligt verlassen hatte.

Es ist eine alte Wunde. Seit meiner Grundschulzeit geht mir das so, dass mich alle für harmlos halten. Eine Reißzwecke auf dem Lehrerstuhl, Fenster mit Tusche bemalt oder Stinkmorchel hinter der Tafel versteckt: Selbst wenn ich ein Vergehen beichtete und die Schuld unumwunden auf mich nahm, lächelten die Lehrerinnen und sagten: »Das ist ja lieb, Susanne, dass du den Schuldigen schützen willst, aber so einfach dürfen wir ihn nicht davonkommen lassen.«

Wie gerne würde ich *einmal* so aussehen, als ob ich klaue.

Aber jetzt spielt allmählich auch noch das Alter gegen mich, scheint mir.

Bei einem Hautarzt letzte Woche gab es auch so einen Moment. Ich zeigte ihm einen kleinen Hautausschlag an den Unterarmen, der mich seit ein paar Tagen plagte, und lauschte doch sehr gebannt, als er spontan von Syphilis und anderen Geschlechtskrankheiten redete, ob ich denn häufig wechselnde Sexualpartner ... In diesem Moment sah er zu mir auf, unterbrach sich und sagte milde, während er andeutungsweise meine Hand tätschelte: »Entschuldigung. Geschlechtskrankheiten können wir wohl sicher ausschließen.« – Hallo?!

Nein, ich bin wirklich nicht scharf auf derlei Diagnosen – aber ist es zu viel verlangt, dass ich wenigstens *infrage kommen* will?!

Ich beginne zu ahnen: Die Diskriminierung des Alters hat viele Gesichter.

Es war nicht mein Tag.

Am Ende musste ich mir dann auch noch Blut abnehmen lassen. Um die Arzthelferin darauf vorzubereiten, dass ich Schwierigkeiten mit Spritzen habe, sagte ich vorneweg: »Ich gehöre zu den Ängstlichen, nicht dass Sie sich wundern.«

Ernst sah sie mich an, betrachtete mich von oben bis unten, zwinkerte mir dann verwegen zu und sagte: »Echt? Sie sehen gar nicht so aus.«

Und dafür hätte ich sie in dem Moment wirklich küssen können.

Föhn

Wenn jemand einen Föhn kriegt, dann ist das eine umgangssprachliche Formulierung für »verrückt werden, zu viel kriegen«. Hintergrund ist wohl, dass der Föhnwind aus dem Alpenvorland im Ruf steht, wettersensiblen Menschen physisch wie psychisch sehr zuzusetzen.

Ich denke darüber nach, weil ich gerade eben bei Saturn war und einen Mitarbeiter am Eingang fragte: »Entschuldigung, kriege ich bei Ihnen einen Föhn?«

Er hat mit »Ja« geantwortet, und egal wie er die Frage interpretiert hat, in jedem Fall recht behalten, denn in Elektrofachgeschäften kriege ich eigentlich immer einen Föhn. Das ist wie mit Flughäfen, es gibt Orte, die machen mich unter Garantie wahnsinnig.

Ich habe vor vielen Jahren, als ich eine Zeit lang auf Amrum wohnte, mal in einem Supermarkt gestanden und einen jungen Mann, der gerade Regale einräumte, um Auskunft gebeten. Ich erinnere mich noch sehr genau an meinen Satz: »Entschuldigen Sie, wo sind bei Ihnen die Eier?« Und daran, dass ich sofort rot wurde und verzweifelt versuchte, den peinlichen Moment zu überspielen. Auch der Verkäufer wurde rot, aber letztlich schafften wir es beide, so zu tun, als hätte ich eine ganz normale Frage gestellt. Also: »Entschuldigen Sie, wo sind bei Ihnen die Eier?«

Erst als er antwortete: »Hinten ...«, war nichts mehr zu retten, und ich musste mich sehr schnell abwenden, um das aufsteigende Glucksen niederzuringen.

Leider ohne Erfolg.

Ich bin dann lange woanders einkaufen gegangen.

Eine echte Herausforderung stellen mitunter auch Bäckereibesuche dar. In Suderburg auf dem Weg zum Bahnhof hörte ich mich neulich sagen: »Ich hätte gerne einen Goldjungen, bitte!« Ich dachte im selben Moment: Wollen wir das nicht alle? Aber so hießen die Schrippen da halt, und »Schrippe« hätte wieder keiner verstanden. Im Kopf wiederholte ich den Satz, er wurde davon nicht weniger grotesk. Damit könntest du auch zu einer Kinderwunschpraxis gehen, dachte ich. Oder ein Inserat aufgeben: »Ich hätte gerne einen Goldjungen, bitte.« Würde mich schon interessieren, wer sich da so meldet.

Noch schwerer fiel es mir jüngst in Warnemünde, bei der Bäckerei meine Brötchenbestellung aufzugeben und um »drei scharfe Segler« zu bitten. Irgendwie erschien mir das so ... *maßlos*.

Und mal ehrlich, warum sind die knackigen Sachen eigentlich immer Kerle? Schusterjungen, Goldjungen, scharfe Segler, Weltmeister ... und daneben? Die süße Schnecke und die Sahneschnitte. Wenn wir also schon dabei sind, Gedichte von den Häuserwänden zu kratzen, könnten wir eigentlich auch gleich mal in den Backstuben vorbeischauen.

Aber in letzter Zeit gibt es ja eh den Trend, das Brot selber zu backen, statt es schnöde im Laden zu erstehen. Ich jedenfalls habe solche Freundinnen, solche, die kurz vor der Party, wenn ich mit nassen Haaren und halb geschminkt zwischen

Geschirrspüler und Wäsche aufhängen hektisch die Schleife ums Geschenk zurre und nicht weiß, was ich anziehen soll, anrufen und Sätze sagen wie: »Ach, ich bin dann fertig. Und ich hab noch eben ein Brot gebacken, hatte ich irgendwie Lust zu, bring ich fürs Büfett mit.«

Sätze wie dieser machen mich ehrfürchtig. *Noch eben* ein Brot gebacken. *Lust!* Ich bin mehr so die, die noch eben im Späti eine Tüte Chips kauft, weil sie mal wieder vergessen hat, dass man was fürs Büfett mitbringen soll.

Ich bin im Moment sowieso derart vergesslich, dass ich schon überlegt habe, mal zu so einer Gedächtnissprechstunde zu gehen und einen Test zu machen. Der kürzeste Dialog zu diesem Thema fand neulich zwischen meiner Freundin Tine und mir statt:

Sie: »Und, hast du inzwischen den Termin in der Gedächtnissprechstunde gemacht?«

Ich: »Nein, habe ich vergessen.«

Aber das ist eine andere Geschichte.

Da man sich den eigenen Dämonen ja hin und wieder stellen muss, bin ich das Brotbackthema mal aktiv angegangen. So schwer kann das nicht sein, dachte ich mir in einer optimistischen Stunde. Also: Feinstes Biovollkorndinkelmehl, Buchweizenmehl, Sonnenblumenkerne, Hefe, ayurvedisches Himalayasalz – alles besorgt. Und gebacken, was das Zeug hielt. Und wofür? Dafür, dass mein Sohn nach dem ersten Bissen beim Frühstück erst lange schwieg und dann fragte: »Sag mal, wie hieß noch mal dieser Terry-Pratchett-Roman mit dem kriegerischen Zwergenvolk?«

»Keine Ahnung«, sagte ich. »Wieso kommst du jetzt darauf?«

»Na ja, die backen doch immer Kampfbrote. Die sind auch nicht zum Essen, die benutzen sie als Wurfgeschosse, wenn sie angreifen.«

Ich habe es danach noch ein paar Mal versucht mit Hefeteig ... und dann aufgegeben.

Beim letzten Versuch hatte ich laut meiner Familie einen irren Glanz in den Augen und sang resigniert Dinge wie »Tausendmal gerührt, tausendmal ist nix passiert« in die Teigschüssel. Vielleicht hätte ich es mal mit Howard Carpendale probieren sollen: »Geh doch, ich sage dir, geh doch.«

Kurzum, das Einzige, was dann noch ging an diesem Morgen, war ich, und zwar zum Bäcker. Auf dem Weg dachte ich über meine Familie nach. Ich bestellte vier Brötchen. Kriegerisches Zwergenvolk, dachte ich. Krass. Wir waren schon vier sehr unterschiedliche Menschen. Die Verkäuferin fragte: »Vier normale?«

Über die Antwort musste ich dann doch einen Moment nachdenken.

Marek

Ein Oktobermorgen. Unausgeschlafen nach einer warmen und mondhellen Nacht rühre ich gerade in meinem zweiten Kaffee und versuche, den Geist der Wachheit zu beschwören, alles sehr langsam – ich bin nicht so der Morgenmensch –, da klingelt es an der Tür. Ich schlurfe zur Gegensprechanlage: »Hallo?«

Zögerlich und sehr höflich meldet sich eine junge Männerstimme: »Ja, guten Tag, entschuldigen Sie bitte die Störung, mein Name ist Marek, und ich bin Paketzusteller. Leider muss ich sagen, dass Ihre Nachbarn nicht zu Hause sind, deshalb bin ich auf der Suche nach jemandem, der ein Paket für sie annimmt. Vielleicht, so dachte ich, würden Sie das tun? ... Es ist auch nur ein ganz kleines Paket.«

Wow! Ich bin beeindruckt. Das letzte Mal, dass jemand an der Haustür so viel Text hatte, war in den Neunzigern, als die Zeugen Jehovas noch klingelten. Oh, ich erinnere mich, das war damals immer derselbe Typ bei uns, sehr spooky, er wohnt, glaube ich, noch immer im Nachbarhaus meiner Eltern. Jedes Mal, wenn er klingelte, schoss der Stresslevel der gesamten Familie schlagartig in die Höhe. Ich habe von einem alten Schulfreund gehört, der sich heute noch manchmal vorstellt, bei ihm zu klingeln und dann zu sagen: »Guten Tag, ich bin Gott, und ich möchte mit Ihnen über Klingelstreiche sprechen.«

Ich habe viel über diese Idee nachgedacht, und ich glaube, ich würde gerne mitgehen.

Aber heute sind es nicht die Zeugen Jehovas, heute ist es DHL.

Ich betätige den Summer und betrachte den jungen, etwas schlaksigen Mann in Gelb, der die Treppe hochkommt.

Marek ist entwaffnend sympathisch. Er strahlt übers ganze schüchterne Gesicht und präsentiert mir aufgeregt das besagte Paket, indem er es behutsam auf beiden Handflächen vor sich hält. Es ist für die Nachbarn im ersten Stock.

Wir wohnen im vierten.

Marek muss noch eine Menge lernen.

Aber er guckt so stolz, ich muss den Impuls unterdrücken, ihm zu gratulieren. So wie man einem Kind beizubringen pflegt: »Sei schön vorsichtig, wenn es an der Tür klingelt, du weißt nie so genau ...«, so möchte ich Marek sagen: »Sei schön vorsichtig, wenn du an einer Tür klingelst, du weißt nie so genau ... Berlin, Bruder, Berlin ist hart, der Job ist garstig, verlier nicht den Mut ...«

Aber was würde ihm das helfen? Heute ist er Marek, der Paketzusteller, und stolz wie Bolle.

In vielen Worten erklärt er mir, wo sich das Feld befindet, in dem ich bitte meine Unterschrift platzieren möge, auch, warum er sie braucht, und bei jedem »Danke« verbeugt er sich ein bisschen. Ich wünsche ihm einen schönen Tag und frage, ob er noch viel zu tun habe. Das ganze Auto sei voller Pakete, sagt er strahlend wie ein Kind unterm Christbaum. Ich sage: »Na dann. Aber Sie sind ja früh dran.«

»Oh ja«, erwidert er ernst: »In Tschechien sagen wir: ›Ein morgendlicher Vogel springt weit.‹« Er verbeugt sich erneut und wendet sich zum Gehen.

Kurz überlege ich, ihm hinterherzurufen, was man in meiner Welt über den frühen Vogel sagt, lasse es dann aber sein. Mit einem Lächeln schließe ich die Tür ...

Ich denke noch eine Weile über das Sprichwort nach. Ich liebe Sprichwörter und Redewendungen, Sprache, die ein wenig verschwurbelt ist, nicht ganz geradeaus und vielleicht einen Tick altmodisch. Wenn man den Teufel an die Wand malt, bleibt, wo der Pfeffer wächst, nah am Wasser gebaut oder Manschetten hat. Meine Oma benutzte vieles davon. Wenn sie mich zur Vorsicht mahnte, sagte sie oft: »Vorsicht ist die Mutter der Porzellankiste!« Lange dachte ich, es heißt: »Vorsicht ist die Mutter *in* der Porzellankiste.« In meiner Vorstellung sah ich also meine Mutter in einer Kiste voller Teller und Tassen sitzen, ich dachte: Es gibt eben Situationen, in denen sollte man sich am besten gar nicht bewegen. Macht Sinn.

Mein Sohn hat bis vor Kurzem auch gedacht, auf der Kippe stehen, das ist das, was man macht, wenn man die Zigarette auf den Boden wirft, weil der Bus kommt.

Ich benutze auch oft die Formulierung meiner alten Freundin Gundi, die immer, wenn sie jemandem eine Standpauke gehalten hat, sagt: »So, den habe ich auf den Pott gesetzt.«

Ich fürchte den Tag, an dem meine Kinder dann sagen: »Es heißt ›das Pot‹, Mum, nicht ›den‹ ...«

So flanieren meine Gedanken. Was für ein Start in den Tag. Wer Marek als Paketboten hat, braucht keine Achtsamkeitsübungen mehr zu machen, jede Yogaübung wird obsolet, wach und tiefenentspannt setze ich mich an den Schreibtisch. Für einen Moment fühlt es sich doch ein bisschen so an, als hätte Gott geklingelt.

Concealer

Meine politische Prägung vollzog sich in den Achtzigerjahren. Auch mein Frauenbild entspringt dieser Zeit. Die Poesie der Epoche ergoss sich direkt über die Hitparaden in die Gesellschaft: »Liebe schmeckt wie Kaviar, Mädchen sind zum Küssen da.«

Hohohohoho.

Hey.

Ich lernte zudem, dass man als Mädchen »ein Kind der Sonne« zu sein hatte, »schön wie ein erwachender Morgen«, ahuuu. Klein und frech und schlau durfte man eigentlich nur sein, wenn man eine Biene war, aber dann hatte man zur Strafe einen trotteligen Freund namens Willi an der Backe und einen psychisch auffälligen Grashüpfer.

So weit das feministische Gedankengut meiner Jugend.

Wir schreiben März 2018. Viel ist passiert seither. Vor wenigen Tagen war Weltfrauentag.

Ich bekam zahlreiche Glückwünsche von anderen Frauen, vorzugsweise per WhatsApp. Glückwünsche zum Frausein quasi. Es hatte so was von »Herzlichen Glückwunsch, Sie sind eine Frau!« – nahe an »Hurra, es ist ein Mädchen!« –, und den Nachrichten beigegeben war das obligatorische amerikanische Werbebild der Frau mit den hochgekrempelten Ärmeln und dem gepunkteten Tuch in den Haaren.

Ich habe mal recherchiert. Sie hieß Rosie und warb 1941

dafür, dass Soldatenfrauen in den Fabriken die Gewehre für die Front bauen sollten, um das Vaterland zu schützen. We can do it. Hm.

Mein Frauentagsgefühl jedenfalls wollte sich so recht nicht einstellen. Auch die rote Rose von der SPD in der Schloßstraße irritierte mich mehr, als dass mir jetzt feierlich geworden wäre. Außerdem war es so kalt, dass die Rose schon am nächsten Tag in der Vase ihren Kopf hängen ließ, sodass es aussah, als würde sie mit der Spülbürste reden. Ha, dachte ich, erwischt. Frauentag, the day after. So sieht's aus.

Die wahren Hoffnungsträger der Emanzipation finden sich ja möglicherweise in der nächsten Generation. Mein großer Sohn hat eine Freundin: Emily.

Emily ist 16 Jahre alt, hat wallendes, blondes Haar, leuchtend blaue Augen und sieht auch nach eingehender Betrachtung ein bisschen aus wie eine Fee. Besonders seit die Zahnspange runter ist.

Gestern fragte sie ihn etwas, er antwortete knapp mit »Ja«. Sie darauf: »Ja ... *was?*« Er: »Ja, *Herrin.*«

Das ist nicht einseitig, die beiden schenken sich nichts. Ich würde sagen, es ist eine Beziehung auf Augenhöhe, und das bei einem Größenverhältnis von 2,04 Meter zu 1,69 Meter. Chapeau.

Ich mag Emily wirklich gern. Und seit ich sie manchmal nach durchfeierten Wochenendnächten ungeschminkt an unserm Frühstückstisch begrüßen darf, weiß ich eines ganz sicher: Auch Feen haben Augenringe. Ich finde das unglaublich beruhigend.

Heute bin ich zum Geburtstag meiner guten alten Freundin Tanja eingeladen. Viele ehemalige Schulfreunde werden da sein, es ist ein bisschen aufregend. Was ziehe ich bloß an? Und überhaupt: Mein Spiegelbild informiert mich darüber, wie wenig ich in letzter Zeit geschlafen habe und dass auch der grellste Lippenstift mich nicht wach aussehen lassen wird ... Emily ist gerade da, Gott sei Dank, ich bitte sie um Rat.

Sie blickt kurz auf, sieht mein Gesicht und sagt sehr bestimmt: »Concealer!«

Ich weiß nicht, was Concealer ist, das ist mir ein bisschen peinlich, also frage ich den Google-Übersetzer. »To conceal: verbergen, verdecken, verheimlichen, verstecken, verschweigen, verhehlen.« Ich kann jedenfalls sagen, wenn dir eine Person ins Gesicht schaut, und das ist das erste Wort, das ihr einfällt – dann möchtest du nicht mehr wirklich auf eine Party. Aber dann kommt mir das Bild von der Frau mit den hochgekrempelten Ärmeln wieder in den Sinn: We can do it!

Emily ist so nett, mir ihren Concealer zu leihen, und erklärt mir, wie man das macht. Die helle Farbe unter den Augen und zwischen den Augenbrauen aufzutragen, hilft tatsächlich. Jedenfalls wenn man nicht näher als einen halben Meter rankommt und sieht, wie sich das helle Zeug in den ungezählten Fältchen absetzt. Egal, ich bin ganz einverstanden mit meinem neuen Look und finde, ich gehe fast für 39 durch.

Nun muss ich noch ein gutes Outfit finden, dann kann ich los. Eine halbe Stunde später liegt mein Bett voller Wäschetürme mit Anprobiertem, der Schrank ist leer, aber ich habe eine *peppige* Hose und ein smartes Oberteil gefunden, in dem ich mich richtig gut fühle. Endlich. Tschakka! Ich will Emily und meinen Sohn noch eben teilhaben lassen am finalen Look, bevor ich losgehe, und stolziere zu ihnen in die Küche. Emily schaut kurz an mir herab und sagt dann folgenden Satz: »Und? Weißt du schon, was du anziehst?«

Womit bewiesen wäre: Auch Feen können grausam sein.

Und wofür das alles?

Als ich auf der Party bin, sitze ich zwischen lauter Frauen, die auch alle Concealer draufhaben. Und das nicht nur im Gesicht. Wie war das? Verstecken, verschweigen, verhehlen? Na super. Fassadenpoker de luxe. Mein Haus, mein Mann, mein Kind. Fotos sind erlaubt, gut ausgeleuchtet. Eine hat ihren Mann direkt dabei. Da kann man definitiv weniger concealen als auf den Fotos im Portemonnaie, denke ich.

Warum fällt mir jetzt wieder Willi ein?

»Optimismus« heißt rückwärts »Sumsi mit Po«.

Das wollte ich unbedingt noch sagen.

Vergissmeinnicht

Ein sonniger Morgen, die Sonne reflektiert in dem leuchtend blauen Nagellack, den ich gerade auftrage. Heute wird Schwarz getragen, wie man das so macht bei Beerdigungen. Aber einen kleinen Farbtupfer brauche ich dann doch. Kriegsbemalung sozusagen, das kann bei einem Zusammentreffen mit meiner Verwandtschaft nie schaden, auch heute nicht.

Heute ist die Beerdigung meiner Tante Lisbeth. Sie ist im Alter von 93 Jahren zu Hause und im Beisein ihrer Kinder friedlich gestorben. Da gibt es nun wirklich nichts zu meckern, was will man mehr. Und dennoch sind wir natürlich alle sehr traurig. Wir mochten sie sehr.

Auf dem Weg holen meine Kinder und ich noch das Grabgebinde ab, das ich bei meinem Lieblingsstand auf dem Markt bestellt habe. Ein Rechtschreibfehler auf der Schleife sticht mir erst ins Auge und dann ins Herz: »Ein letzten Gruß« steht da, ich hatte es nur diktiert und nicht gegengelesen. Für einen Moment erwäge ich zu hyperventilieren, dann denke ich: Was soll's? Ich tröste mich damit, dass das wahrscheinlich eh kaum noch einer lesen kann von den Übriggebliebenen. Lupus, grauer Star, kalter Hund, alles dabei. Ich reihe mich da auch gut ein in den Kreis der Gebrechlichen, denn ich bin schon seit meiner Kindheit auf der linken Seite taub. Das ist besonders unterhaltsam, wenn ich mit meinem Vater zusammentreffe, der wiederum auf der linken Seite blind ist.

Wenn wir nebeneinanderlaufen, können wir uns also immer entscheiden, ob er mich sieht – oder ich ihn höre. Meistens entscheide ich mich dafür, dass er mich sieht.

Vor der Kapelle des alten Friedhofs in Lichtenrade, an der wir uns treffen, erspähe ich meinen Bruder, der gerade damit beschäftigt ist, die kleine Tüte mit dem Fertigdünger von der Plastikfolie eines »Blume 2000«-Straußes abzufummeln. Ich begrüße erst die nächsten Angehörigen unserer Tante, dann begrüße ich ihn und frage, was aus der schönen Idee mit dem Vergissmeinnicht-Strauß geworden sei. Zu meiner Verblüffung antwortet er: »Na ja, mir fiel dann noch ein, dass sie ja Alzheimer hatte. Und dass das vielleicht nicht so taktvoll ist, dann ausgerechnet einen Vergissmeinnicht-Strauß ...«

Hut ab! So weit hatte ich tatsächlich nicht gedacht.

Diejenigen, die sich von der Verstorbenen noch am offenen Sarg verabschieden wollten, kommen gerade aus der Seitentür der Kapelle, alle sehen irgendwie sehr blass aus. Eine meiner Cousinen sagt: »Kein so schöner Anblick. Und die Fingernägel sind schon ganz ...« Vorwurfsvoll schaut sie auf meine blauen Fingernägel und entschließt sich dagegen, den Satz zu beenden.

Ich schaffe es einfach immer wieder, meinem Ruf als Enfant terrible der Familie gerecht zu werden. Und gerade dann, wenn es so besonders förmlich und ernst zugehen soll, gelingt es mir am besten.

Ich bin heilfroh, dass da in meinem Freundeskreis eine gelassene Grundstimmung vorherrscht, selbst wenn es um das schwierige Thema Tod und Sterben geht.

Angelika feierte ihren 60. Geburtstag im September sogar mit einem fröhlichen Fest an ihrem Baum im Friedwald. »Immerhin werde ich da meine Ewigkeit verbringen«, sagte sie und wollte sich und uns mit diesem schönen Ort schon mal vertraut machen.

Mein Freund Andreas hat seinen Sarg bereits selbst gezimmert und nutzt ihn einstweilen als Bücherregal. Er hängt, kaum als solcher erkennbar, in seinem Arbeitszimmer an der Wand, mit wenigen Handgriffen kann man ihn umbauen, wenn es so weit ist. Allzeit bereit, könnte man sagen.

Und meine Freundin Gaby erzählte jüngst eine sehr schöne Anekdote von der eigentlich natürlich sehr traurigen Beerdigung ihrer Kollegin, Frau Dr. Angela Krauske: Der Pfarrer hatte sich am Ende einer wunderbaren und sehr persönlichen Predigt versprochen und die Trauergemeinde feierlich dazu aufgefordert, nun Frau Dr. Angela Merkel das letzte Geleit zu geben.

Sie berichtete, dass nach einer kurzen Schrecksekunde die nächsten Angehörigen die Ersten waren, die loslachten – alle waren erleichtert und sich zudem einig: Angela selbst hätte diese Geschichte ausgesprochen komisch gefunden.

Ach ja, meine Freundinnen. Meine Wahlverwandtschaft. In guten wie in schlechten Zeiten. Tine sagte neulich mal zu mir: »Ich glaube, wir sind nur deshalb nicht als Schwestern auf die Welt gekommen, weil es keine Mutter mit uns im Doppelpack ausgehalten hätte.«

Diesen Gedanken finde ich tröstlich, als ich mich jetzt in der Kapelle umsehe und so viele Fremde um mich herum sehe. Die Pfarrerin vom Dienst hält eine Predigt, die an Niveau und menschlicher Wärme nicht zu unterbieten ist. Man weiß auch nicht so recht, ob sie betrunken ist oder mal einen Schlaganfall hatte. Vielleicht beides. Und damit passte sie schon wieder in diese Runde.

Beim Auszug aus der Kapelle schweigen die Glocken. Am

Freitag sei der Blitz in den Glockenturm eingeschlagen, nuschelt die Pfarrerin. Freitag war der 13. Ich glaube, das wiederum hätte meiner Tante gefallen, nun muss ich doch noch lächeln. Statt Glockengeläut hört man Vögel singen, und wir ziehen über das Friedhofsgelände.

Mit dem Tonfall eines Motz-Verkäufers, der schon einen sehr langen und sehr miesen Tag hinter sich hat, sagt einer der Sargträger dann »In Gottes Namen«, und der Sarg wird hinuntergelassen. Das alles ist so nüchtern, dass die Trauer einfach keine Chance hat, sich Bahn zu brechen.

Am offenen Grab stehend, erleben wir dann noch den bangen Moment, in dem mein Bruder und ich nicht sicher sind, ob unser Vater statt der Rose in der rechten Hand vielleicht doch den Gehstock aus der linken Hand hineinwirft. Es geht ein paar Mal hin und her, dann wählt er doch die richtige Hand, und wir atmen weiter.

Auf dem Spaziergang in Richtung Café laufe ich mit meinen Söhnen etwas abseits. Wir hatten bisher keine Gelegenheit zum Reden.

Ich sage: »Jungs, wenn ihr mich eines Tages unter die Erde bringt, und da vorne steht jemand und hält *so eine* Rede ...« Weiter komme ich gar nicht, denn mein Großer sagt: »... dann haue ich ihm eine rein und mache es selber. Geht klar.«

Darauf gibt's ein High Five. Und zum ersten Mal an diesem Tag steigt ein Gefühl von Wärme in mir auf.

Nach Kaffee und Kuchen verabschieden wir uns von der Trauergesellschaft.

»Bis zum nächsten Mal«, rutscht es mir heraus.

Und na ja, so viel ist wohl sicher.

Süßer, die Glocken!

Meine ganz persönliche Geschichte der *Misheard Lyrics*, also der falsch verstandenen Liedtexte, führt bis in frühe Kindertage zurück. »Süßer, die Glocken, die klingen ...« habe ich wohl über viele Jahre gesungen. Also die Berliner Variante, quasi mit einem gefühlten »Ey« davor, also: »Ey, Süßer, die Glocken, die kling'n!«

Viele solcher Missverständnisse lösten sich mit dem Beginn der Grundschulzeit auf, als ich lesen lernte und im Musikunterricht oder in Büchern die abgedruckten Texte las. Da gab es manches Aha-Erlebnis. Auch außerhalb der Musik. Dass »zum Beispiel« »zum Beispiel« heißt, zum Beispiel. Und nicht »zum Ballspiel«. Das habe ich immerhin bis zu einem Diktat in der dritten Klasse gedacht. Und ein trotziger Teil von mir findet die Formulierung auch heute noch ein bisschen schöner als das Original.

Wie jedes Jahr in der Adventszeit mäandern meine Gedanken immer mal wieder zu den Erinnerungen an die glückseligen Weihnachtsfeste früher Kindertage. Es sind quasi Erinnerungen mit Zimtglasur, darin duftet es nach ofenwarmen Keksen und gebrannten Mandeln und ein wenig nach der Nivea-Creme, die man vor dem Rodeln immer ins Gesicht geschmiert bekam.

Hach ja, könnte man denken.

Auf der anderen Seite ... – wenn ich mich mal so richtig erinnere, also ungefiltert, ohne die rosarote Glitzerbrille ...

1978

Heiligabend. Ich bin sieben Jahre alt und habe mir eine Katze gewünscht. Was ich kriege, ist eine Steiff-Katze mit Knopf im Ohr. Der Anschiss lauert überall.

Auf dem Plattenspieler plärrt Heintje: »Mamatschi, schenk mir ein Pferdchen.«

Onkel Willi ist kürzlich gestorben, deshalb ist Tante Erna bei uns. Tante Erna ist anstrengend. An Onkel Willis Stelle wäre ich auch gestorben.

Meine Mutter ist im Ausnahmezustand, putzt, wäscht und kocht mit Panik im Gesicht.

Der Baum, den mein Vater geholt hat, war günstig.

Das Lametta glänzt.

1988

Heiligabend. Ich bin 17 Jahre alt und habe aufgegeben, mir eine Katze zu wünschen. Was ich kriege, ist eine goldene Armbanduhr, die mich in den kommenden dreißig Jahren bei jedem Umzug begleiten wird, die ich jedoch an keinem einzigen Tag tragen werde.

Auf dem Plattenspieler plärrt Heintje.

Tante Erna ist bei uns, sie schenkt meinem Bruder Unterwäsche von Onkel Willi mit dem Hinweis, die sei so gut wie nicht getragen.

Meine Mutter ist im Ausnahmezustand.

Der Baum, den mein Vater geholt hat, nadelt.

Das Lametta glänzt.

1998

Heiligabend. Ich bin 27 Jahre alt und so rund wie die Christbaumkugeln. Noch sechs Wochen bis zum errechneten Termin. Wieder ein Geschenk, das ich mir jetzt nicht so direkt gewünscht hatte.

Von den Verwandten bekomme ich deshalb jede Menge Babykleidung geschenkt, das einzige Geschenk, das für mich ist, ist ein Birkenöl gegen Schwangerschaftsstreifen. Weihnachten ohne Alkohol ist grausam.

Aus dem CD-Player dudelt Loreena McKennitt.

Tante Erna ist tot, sie hat mir einen Ring vermacht. Und ihre Unterwäsche.

Ich bin im Ausnahmezustand.

Der Baum, den ich geholt habe, war schwer.

Das Lametta glänzt.

2008

Heiligabend. Ich bin 37 Jahre alt. Sohn 1 schenkt mir ein mit Autos besticktes Lesezeichen aus Papier. Sohn 2 sagt: »Wenn ihr tot seid, kauf ich mir 'ne Katze.«

Aus dem CD-Player dudelt Rolf Zuckowski. Tante Erna ist tot, aber meine Schwiegermutter lebt. Ich bin im Ausnahmezustand.

Der Baum, den ich geholt habe, ist wunderschön und fast so hoch wie die Altbaudecke. Die Lichterkette ist kaputt.

Das Lametta glänzt nicht.

2018

Heiligabend. Ich bin 47 Jahre alt. Man hat im Großen und Ganzen aufgehört, sich was zu schenken. Nur die Kinder hatten ihre Bestellwünsche am Black Friday per WhatsApp geschickt, mit Link. Bei meiner Antwort habe ich mich vertippt und statt »Heiligabend« »Heuligabend« geschrieben.

Aus der Bluetooth-Box singen *Malediva*: »Weihnachten war früher weißer«. Meine Schwiegermutter lebt und lebt. Aber vorher geht's noch zu meinem Vater ins Pflegeheim.

Ich bin im Ausnahmezustand.

Der Baum, den ich geholt habe, würde bestimmt gut brennen, denke ich, zünde dann aber doch nur die Kerzen an.

2058

Heiligabend. Ich bin 87 Jahre alt. Selig sind die geistig Armen. Die Kinder schenken mir eine Katze. Mein Zimmer im Pflegeheim ist klein, aber warm.

Meinen Mann hat's schon vor ein paar Jahren erwischt. Aber die Unterwäsche ist noch gut, ich hab sie für die Kinder eingepackt.

Die Multimediadrohne spielt: »Ey, Süßer, die Glocken, die kling'n.«

Ich bin entspannt wie nie.

Im Tannenbaum hängt mein Gebiss.

Wer braucht schon Lametta.

Von Heilmann und Hängemispeln

Es ist Donnerstag, es ist 6:20 Uhr, und ich habe schlechte Laune. Manchmal braucht der Tag gar keinen Anlauf, um ein mieser Tag zu sein. Frisch und ausgeschlafen blökt er dich an, quasi direkt aus dem Radiowecker: »Hey, da bin ich! Ich bin einer dieser Tage, die man nicht braucht, die in der Bedeutungslosigkeit versinken werden und an die du dich nie, nie wieder erinnern wirst. Los, steh auf! Sieh zu, wie du mich rumkriegst!«

Dabei ist es noch gar nicht so lange her, dass ich bei dem Wort »rumkriegen« nicht unbedingt an miese Tage gedacht habe. Aber es scheint da so eine unsichtbare Wendung zu geben im Leben, du passt einen Moment nicht auf – und schwupps!, bist du Mitte vierzig, bestellst Malzkaffee statt Single Malt, Party heißt jetzt Brunch, deine Freunde kaufen alle Eigentumswohnungen und haben Bäume mit Namen im Garten.

Der Baum zum Beispiel, den meine Freundin Nina in ihrem Garten gepflanzt hat, heißt »Weidenblättrige Hängemispel«. Und ehrlich, wenn ich meinem Lebensgefühl gerade einen Namen geben müsste, »Weidenblättrige Hängemispel« wäre ganz weit vorne. Ist übrigens auch als Schimpfwort geeignet. Hab ich schon ausprobiert: »Du weidenblättrige Hängemispel!« ... Es gibt auch eine Pflanze, die heißt »Beinwellblättrige

Zistrose«. Aber das sollte man nicht auszusprechen versuchen, wenn man schon einen getrunken hat.

Wecker Nr. 2 meldet sich mit einem schrillen, unbarmherzigen Piepen. Also gut, auf in den Tag! Oktober. Es regnet. Kalt ist es und grau, ich rühre ein wenig Weltschmerz und Fernweh in den Kaffee, auch im Inforadio reden sie seit Tagen nur noch von Jamaika.

Beim Zähneputzen schaue ich aus dem hinteren Fenster, der Sonnenaufgang zumindest ist wirklich schön, das muss man ihm lassen. Ich mache meinen Sohn darauf aufmerksam. »Guck mal, der Himmel!«

Er schaut einen Moment lang, dann sagt er: »Hm, weiß nicht. Ganz schön pixelig. Da könnte man noch was machen.«

Manchmal finde ich das Leben traurig.

Ich mache mich auf den Weg zur S-Bahn. Immer noch gibt es Orte in dieser Stadt, wo die optische Belästigung durch Wahlplakate anhält. Am Steglitzer Kreisel zum Beispiel, an dessen Fassade im Maß von etwa zehn mal zwanzig Meter ein Werbebanner der CDU befestigt ist, das nun sogar Sturmtief Xavier überlebt hat. »Heilmann für hier, Merkel für alle« steht darauf.

Wie viele Werbestrategen sich für diesen Satz wohl die Nächte um die Ohren geschlagen haben?

Toll war allerdings der Moment, als es angebracht wurde, ich hatte zufällig an der Bushaltestelle gegenüber gestanden. Drei Männer hingen in einer Fensterputzergondel an der Fassade und setzten das Plakat nach und nach, Banner für Banner zusammen. Als sie etwa halb fertig waren, hatte für einige großartige Minuten der Text »Heil Merkel« in den Südberliner Himmel gestrahlt.

In solchen Momenten freue ich mich wie ein Kind über die Kreativität des Zufalls. Ich kann dann nicht anders: Ich grinse breit vor mich hin, meist merke ich es erst daran, dass andere Leute zurücklächeln, aber das ist ja nicht das Schlechteste. So ist das mit meinem Gesicht. Manchmal, wenn ich in Gedanken bin, krieg ich nicht mit, was es macht.

Nun ist es leider nicht so, dass das nur mit einem freundlichen Gesichtsausdruck funktioniert. Manchmal, wenn ich mich umsehe und denke: »Boah, Berlin! Wieder alle das Gesicht zur Faust geballt!«, muss ich mir ehrlicherweise die Frage stellen, wer angefangen hat.

Als ich auf dem S-Bahnhof stehe, sagt die Selters-Werbung im Glaskasten: »Wer jung bleiben will, muss früh anfangen.« Im selben Moment sehe ich die Spiegelung meines Gesichts in der Glasscheibe und denke: Okay, zu spät. Spontan ist mir auch mehr nach Schnaps als nach Selters zumute.

Oder kennt ihr das, wenn man auf dem Smartphone was nachsehen will und vergessen hat, dass die Kamera noch an ist – im Selfiemodus? Das sind Momente tiefer Erkenntnis.

Bahnhof Zoo, umsteigen, S9 nach Spandau. Ein mürrisches Kind sitzt mir gegenüber und sagt gerade zu seiner Mutter: »Ich will aber nicht zu Oma nach Spandau, Spandau ist blöd.«

Und die Mutter sagt: »Du sollst doch nicht so schmutzige Worte sagen!«

In meinen Gedanken fragt das Kind zurück: »Wie ... ›blöd‹?«

Und ich sage: »Nein, Spandau.«

Ich sehe aus dem Fenster. Aus der Ferne kann ich feststellen, dass auch mein Lieblingsplakat noch nicht abgehangen wurde. Es hängt in einer Seitenstraße, direkt vor einem Dixi-Klo, und zeigt Renate Künast mit dem Slogan: »Wissen, was drin ist.«[*]

Der Tag im Büro ist langweilig, wie erwartet. »Profil: keins«, steht auf dem Display meines Telefons. Stimmt irgendwie. Kurz bevor ich gehe, will ich noch eine Glückwunschkarte an eine Kollegin schreiben, die nächste Woche heiratet. Die sonnigen Worte wollen mir heute nicht so recht aus der Feder fließen, also frage ich Google mal nach Sprüchen für Hochzeitskarten. Meine Stichworte: »Hochzeit, Glückwunsch, Zitat«. Vorschlag Nr. 1: Honoré de Balzac: »Die Liebe ist der einzige Weg, auf dem selbst die Dummen zu einer gewissen Größe gelangen.«

Mir scheint, das Internet ist heute ähnlich drauf wie ich ... Vielleicht schreiben wir die Karte lieber morgen.

Später, auf dem Heimweg in der U-Bahn, gibt der Tag noch mal so richtig alles, um mich zu langweilen. Das *Berliner Fenster* verkündet, dass Enie van de Meiklokjes schwanger ist, Christoph Maria Herbst seinen Geburtstag nicht mag und der Buchsbaumzünsler den deutschen Buchsbaumbestand gefährdet. Mein Smartphone meldet sich, meine Nachbarin schreibt: »Bei uns im Haus ist die Heizung komplett ausgefallen. Und die verfluchten Hitzewallungen kommen auch nie, wenn man sie braucht.«

---

[*] Wer auch immer das seinerzeit dort aufgehängt hat, möge mich bitte kontaktieren. Ich gebe ein Bier aus.

Ich will nach Hause. Kaufe noch schnell eine Wärmflasche und alles fürs Abendbrot ein.

»Nein danke, der Käse gefällt mir vom Layout her nicht«, sagt mein Sohn.

Der Tag ist um. Zeit, schlafen zu gehen. Bevor ich das Licht ausmache, schreibe ich noch eine Nachricht an Nina: »Hab ihn rumgekriegt! Details folgen!«

Ich lächle in die Nacht.

Und die Nacht lächelt ein bisschen zurück.

Sport und ich

Samstagvormittag. Ich war gestern Abend früh im Bett und bei Sonnenaufgang heute schon putzmunter. Jetzt ist es gerade mal neun Uhr, ein neuer Text ist fertig. Der frische Ingwertee und das Obst im Müsli haben meine Lebensgeister endgültig geweckt. Ich schultere gerade die Sporttasche, um ins Fitnessstudio zu gehen, als ich – aufwache. Mist.

Ein Blick auf den Wecker verrät mir, dass es gleich elf ist.
Ein Blick aus dem Fenster verrät mir, dass ich lieber noch mal die Augen zumachen sollte. Es ist regnerisch, die Bauarbeiter arbeiten neuerdings auch samstags und hämmern lautstark Risse in den nassen, grauen Asphalt.
Ein Blick in den Spiegel verrät mir, dass ich mich heute gut in diese Landschaft einfügen werde.

Es war mal wieder viel zu spät gestern. Das Klirren der leeren Flaschen beim Aufräumen korrespondiert schmerzhaft mit dem Takt der Presslufthämmer dort draußen. Ingwertee und Obst wären jetzt bestimmt irre gesund – aber Ingwer schälen, am frühen Morgen, mal ehrlich! Mein Schweinehund und ich lächeln müde und setzen einen starken Kaffee auf.

Ja, ich gestehe: An manchen Tagen fühle ich mich noch vor dem Frühstück wie eine Versagerin ... Und ja, natürlich ist das alles immer eine Frage der Vergleichsgruppe. Aber ich habe halt auch so Freunde, die es einem nicht leicht machen. Sie leben extrem gesund und vegan und alkoholfrei, sind Mitglied in mehreren Sportstudios, ständig gehen sie zum Spinning und zum Yoga oder laufen, und wenn Marathon sie gerade nicht auslastet, dann vielleicht Triathlon, und ab und an darf es auch mal der Iron Man sein.

Mein Freund Ramin ist so jemand. Dass er trotz seiner Lebensweise noch mein Freund ist, darauf kann er sich echt was einbilden, so viel Perfektion neben sich auszuhalten, ist nicht immer leicht.

Ramin ist bestimmt auch der einzige Mensch auf der Welt, bei dem sogar ein Befundbericht sexy klingt. Nach dem letzten Marathon war er beim Orthopäden, um etwas abzuklären, ich habe den MRT-Befund gelesen. Darin stand wörtlich:

»Harmonische Gelenke und schwarze schlanke Sehnen, unauffällige Muskelbäuche ...«

»Schwarze schlanke Sehnen« – hört man da nicht die Radiologin ins Diktiergerät hauchen?

Und »unauffällige Muskelbäuche« – ganz ehrlich, ich weiß nicht genau, was das ist, aber so was hatte ich bestimmt noch nie!

Nach dem Kaffee geht es mir schon besser.

Ich erinnere mich an das gute Gefühl in meinem Traum, beschließe, mit dem Lamentieren aufzuhören und heute tatsächlich mal wieder zum Sport zu gehen.

Am Tresen werde ich sehr freundlich mit »Ach hallo, Frau ..., äh – lange nicht gesehen!« begrüßt.

Im Wartebereich liegt ein Buch aus: »Von der Seele der

Muskeln«. Und in der Umkleidekabine hängen jetzt Werbeplakate mit Sätzen wie: »Älter werden ist okay. Schwächer werden nicht.«

Solche Sätze machen mich ja immer latent ungeduldig. Ich will ja nicht nur älter werden dürfen. Ich will auch nach Kräften schwächer werden dürfen, bitte. Und runzeliger und langsamer, und Bäume ausreißen will ich auch nicht mehr irgendwann, eigentlich schon jetzt. An manchen Tagen finde ich es anstrengend genug, mir die Augenbrauen zu zupfen.

Ich atme meinen Ärger in die Ecke und schwinge mich an die Geräte.

»Beinpresse« ... »Armstrecker« ... Klingen nicht die Namen schon nach einer Folterkammer in Mordor?

Von den Altvorderen habe ich oft gehört, dass ich als kleines Kind kaum zu bändigen gewesen sei, ständig am Rennen, Springen und Klettern. Daran habe ich leider kaum Erinnerung, sie wurde von anderen Ereignissen überschrieben, die so hässliche Namen tragen wie »Hallenturnen« und »Bundesjugendspiele«. Gollum. Garstige Bundesjugendspiele, mein Schatz.

Von Jahr zu Jahr machte mir das alles weniger Spaß. Bei längeren Strecken war ich schon froh, wenn ich überhaupt ins Ziel kam. Mit Thorsten, einem anderen sportlichen Totalausfall aus meiner Klasse, wechselte ich mich ab in unterirdischen Rekorden.

Ich erinnere mich, dass ich beim Weitwurf mal nach hinten geworfen habe statt nach vorn. Beim Weitsprung hat Thorsten es einmal nicht vom Absprungbalken bis in die Sandgrube geschafft, da kam sogar ein Krankenwagen.

Ich habe das alles mal Heinzi erzählt, dem Kneipenwirt meiner Wahl. Er verstand gut, wovon ich sprach.

»Ey«, sagte er. »Da fragt mich gestern so 'ne Pfeife, ob ick ooch 'ne Sport-App hab, so mit Schrittzähler und so. Hab ick jesacht, wie't is: ›Wenn de bei mir da wat messen willst, reicht eigentlich 'n Bewegungsmelder.‹«

Das fand ich sehr erfrischend.

Heinzi sagt beim Zigarettenkaufen am Bahnhof auch Sätze wie »Igitt, jeh mir weg mit Impotenz, haste nich' noch wat mit Krebs?«, wenn ihm das Bild auf der Schachtel nicht gefällt.

Wenn ich es recht überlege, bin ich, was Sport betrifft, im Querschnitt meines Freundeskreises vielleicht doch ganz gut aufgehoben. Irgendwo in der Mitte, zwischen Iron Man, Kieser Training und »Mach ma' noch 'n Weizen, Heinzi«.

Bei Sit-up Nummer fünf gebe ich auf. Mehr geht heute nicht. Ob man sich ein Sixpack auch stricken kann?, überlege ich, gehe nach Hause und mach es mir auf dem Sofa gemütlich. Wolle ist noch da. Bier bestimmt auch.

Siri und Hilde

Sommer 2020. Zugegeben, das Reisen mit Mund-Nasen-Maske im warmen Regionalzug ist nicht unbedingt bequem. Aber ich bin seit Monaten das erste Mal wieder mit der Deutschen Bahn unterwegs und so voller Dankbarkeit für diesen Umstand, dass alle kleineren Unannehmlichkeiten an mir abperlen wie der Frühtau am Erpel.

Ich fahre an die Ostsee. Ich mit mir allein. Ich habe eine Verabredung mit dem Meer, wir haben uns lange nicht gesehen, es gibt viel zu erzählen – und der Rest der Welt hält einfach mal drei Tage den Rand. Das ist der Plan. Ich könnte platzen vor Glück.

Ich steige am Südkreuz ein, lasse mich in meinen Sitzplatz fallen und schaue mich um. Dankenswerterweise halten sich alle an die Maskenpflicht, auf die in diesem Moment der Zugbegleiter mit einer Durchsage hinweist: »Meine Damen und Herren, wir bitten Sie, Mund und Nase zu bedecken, weil, wie Sie wissen ... *hust-hust* ...« – An dieser Stelle verschluckt er sich offenbar, hustet ein paar Mal sehr heftig ins Mikro und bricht dann ab. Besser hätte man es nicht ausdrücken können. Der ganze Wagen lacht. Ein schöner Moment.

Reisen in Corona-Zeiten. Manche Unterschiede bemerkt man sofort: dass der Zug fährt, zum Beispiel. Planmäßig.

Getoppt wird diese bemerkenswerte Tatsache von einer Durchsage, die eine gute Stunde später ertönt, als der Zug aus nicht erkennbaren Gründen auf freier Strecke zum Stehen kommt: »Meine Damen und Herren, wir sind etwas flott unterwegs gewesen, deshalb legen wir hier eine kurze Pause ein, bis wir wieder im Plan sind. Wir danken für Ihr Verständnis.«

»Gerne doch!«, möchte ich rufen: »Betrachte die blühenden Mohnfelder, und genieße die Stille!« Was mir auffällt: Die Leute telefonieren mit Maske weniger.

Die Leute bestellen dafür mehr Kaffee, vermutlich weil man damit die Legitimation für ein kurzes Absetzen erwirbt.

Und die Leute schlafen mehr. Auch wenn ich manchmal nicht ganz sicher bin, ob sie noch schlafen oder schon ohnmächtig sind – an den warmen Tagen haben wir wohl alle schon die Erfahrung gemacht, wie dünn die Luft unter so einem Stück Stoff werden kann.

Ganz abgesehen von meiner ganz persönlichen Erfahrung, wie allein man mit der eigenen Knoblauchfahne sein kann. Diese Pandemie sensibilisiert einen ja mitunter an erstaunlichen Stellen.

Ein recht unterhaltsamer Aspekt des Mundschutzes ist übrigens, dass mein Mann nicht mehr von seinem iPhone erkannt wird. Er ist ein bisschen gekränkt.

In der Zeitung habe ich von einer Designerin gelesen, die diese Lücke schließt: Man kann ihr ein Porträtfoto schicken, sie druckt dann den entsprechenden Bereich des Gesichts auf den Mundschutz, damit die Gesichtserkennung keine Schwierigkeiten bereitet.

Das iPhone des Mannes ist sowieso öfter mal Thema bei uns. Dieses erotische Gesäusel von Siri macht mich verrückt. Selbst wenn es nur um Abfahrzeiten oder Kochrezepte geht, ich habe irgendwie immer das Gefühl, ich störe, wenn die zwei sich unterhalten. Er provoziert mich damit auch gerne mal, indem er im Vorbeigehen Sätze raunt wie: »Siri, kommst du mit mir in die Badewanne?« Und Siri haucht dann wirklich zurück: »Das ist alleine deine Entscheidung, Alexander ...«

Irgendwann werde ich sagen: »Komm, Siri, lass uns vor die Tür gehen und das regeln wie Frauen.« Und dann bin ich gespannt, wer da das letzte Wort hat.

Ich hätte überhaupt große Lust, mal eine eigene Sprachassistentin zu programmieren. So eine renitente mit Berliner Schnauze. Ich würde sie vielleicht Hilde nennen, nach meiner alten Tante. Dann fragt der geneigte iPhone-Mann vielleicht: »Hilde, suche Rezepte für Sellerieauflauf.« Und Hilde antwortet: »Such doch selba, du fauler Sack!« Oder: »Hilde, wann fährt der nächste Bus zum Rathaus Steglitz?« – »Die fahr'n doch eh, wie se woll'n, und 'n kleenet bisschen loofen würd' dir ooch nich' schaden.« Und bei »Hilde, kommst du mit mir in die Badewanne?« würde ein energisches »ABA SONS' JEHT'S JUT, JA?« reichen. Oooh ja, ich glaube, das würde mir wirklich Spaß machen.

Der Zugbegleiter hustet mich schon wieder aus meinen Gedanken. Langsam strengt das etwas an. Wenn Hilde erst mal läuft, machen wir bei der Bahn vielleicht ooch gleich ma' die Ansagen frisch.

Check-out

Nach drei Tagen an der Ostsee checke ich aus.

Es war eine schöne Zeit – trotz des wirklich schrecklichen Hotels, in dem ich gelandet war. Ich war so begeistert von der Idee, eine kurze Auszeit am Meer zu verbringen, dass ich bei der Auswahl der Unterkunft ein bisschen nachlässig war, sonst wäre mir vielleicht aufgefallen, was im Buchungsportal unter der Rubrik »Was Gästen an dieser Unterkunft am besten gefiel« aufgeführt war: »Parkplatz«.

Sonst nichts.

»Hat es Ihnen bei uns gefallen?«, fragt mich nun der junge Mann an der Rezeption, als ich die immerhin nicht allzu hohe Rechnung begleiche.

»Teilweise ...«, antworte ich diplomatisch, während in meinem Gesicht vermutlich klar zu lesen ist, dass dieser besagte »Teil« nicht sehr groß gewesen sein kann. Ich bin darauf eingestellt, im nächsten Schritt mit routinierten Gesten des Bedauerns bedacht und in professioneller Sachlichkeit nach den Gründen gefragt zu werden.

Stattdessen jedoch kichert der junge Mann zunächst etwas wirr. Dann nickt er heftig, schlägt sich mit beiden Händen auf die Oberschenkel und sagt: »Jo! Da ist noch Luft nach oben, was?«

»Äh ... genau«, erwidere ich, zugegebenermaßen etwas

irritiert. »Also, die großzügigen 18 Quadratmeter aus der Zimmerbeschreibung waren jedenfalls nirgends zu entdecken. Der ›eigene Balkon‹ war ein Gemeinschaftsbalkon, der von vier Zimmern aus zugänglich ist. Und der ›seitliche Meerblick‹ war leider ein sehr frontaler Blick auf den Parkplatz.«

»Jo!«, sagt er zustimmend. »Und seien Sie man froh, dass Sie nicht im Souterrain gelandet sind, so ist es nämlich den letzten Gästen ergangen, die online gebucht hatten. Und manche von denen kommen trotzdem wieder, das müssen Sie sich mal vorstellen, das kann man doch nicht mehr verstehen.«

Während ich mich zu fragen beginne, was das für ein seltsames Gespräch ist, winkt er mich vertraulich näher heran.

»Aber mal im Ernst, wenn Sie doch noch mal wiederkommen wollen: Ich schreibe Ihnen hier mal die Nummern von drei Zimmern auf, die sind wirklich schön. Also, ›schön‹ ...«, unterbricht er sich kichernd und malt tatsächlich mit seinen Fingern Anführungszeichen in die Luft, »... also ›schön‹ gemessen an diesem Hotel halt!«

Ich weiß nicht, ob der gute Mann heute seine Kündigung erhalten oder auf andere Weise mit dem Laden abgeschlossen hat. Aber dass er uns die Farce des Versuchs erspart, das Offensichtliche schönzureden, rechne ich ihm hoch an. So viel Ehrlichkeit würde mich ja fast schon motivieren, vielleicht doch noch mal wiederzukommen.

»Und?«, frage ich deshalb zum Abschluss und wedele mit dem Notizzettel, auf dem er die Zimmernummern notiert hat. »Werden Sie dann noch da sein?«

Noch an der Türschwelle kann ich sein wirres Lachen hören. Er hört gar nicht mehr auf. Es ist ein Lachen, das zwischen »Gott bewahre!« und »Wo soll ich sonst sein, das ist ein verdammter Familienbetrieb!?« so ziemlich alles bedeuten kann.

Ich winke ihm zum Abschied und sehe zu, dass ich Land gewinne.

Grüße aus dem Pumpensumpf

Montag. Der Geschirrspüler ist kaputt, der Kontostand auf Talfahrt, die Laune ihm dicht auf den Fersen.

»Der Teufel scheißt immer auf den größten Haufen«, schimpfe ich vor mich hin. Meine Kinder gucken verdutzt. Ein bisschen anerkennend auch, bin ich hier doch sonst die Hüterin der gepflegten Ausdrucksweise. Die Redewendung kannten sie offenbar noch nicht. Ich schenke sie ihnen, sie sind noch jung, sie werden sie noch brauchen.

Auch der Geschirrspüler ist noch nicht alt, die Garantie gerade erst abgelaufen. Eine Fehlermeldung gibt es nicht, aber auch nach mehreren Neustarts will die Maschine nicht tun, was sie soll. Am Zulauf liegt es nicht, Wasser läuft. Es ist partout nicht herauszufinden, was der Fehler ist. Es ist zum Mäusemelken.

Während des Spülvorgangs reingucken kann man auch nicht, und so entsteht in meinen Gedanken langsam eine Art persönliches Bild von der Mechanik.

Ganz beflissen zieht sie Wasser. »Ja, hör nur, wie ich arbeite!«, gluckert sie wichtigtuerisch. Aber dann wähnt sie sich hinter der verschlossenen Türe in Sicherheit, schnipst mit spitzen Fingern ein paar einzelne Tröpfchen auf das dreckige Geschirr, bevor sie sich angewidert abwendet und lieber die Nägel feilt, während sie nach außen hin ganz planmäßig die Uhr runterlaufen lässt und bloß fleißig tut.

Miststück.

Ich googele nach Reparaturdiensten, was sich als recht freudlose Aufgabe erweist, denn die Onlinebewertungen sind allesamt grottenschlecht.

Auf YouTube finde ich zahlreiche Videos, die die Reparatur der gängigsten Defekte bei Geschirrspülern sehr anschaulich und professionell erklären.

Nach zwei Stunden weiß ich immer noch nicht, was meiner Maschine fehlt, kenne jetzt aber viele neue Wörter, von deren Existenz ich vorher nichts geahnt hatte.

Meine Favoriten sind die »Pumpensumpfdichtung« und die »Überwurfmutter«. Dazu entstehen jeweils viele Bilder vor meinem geistigen Auge, die sämtlich sehr gut zu diesem Montag passen.

Es ist nicht leicht, einen Termin zu kriegen. In den folgenden Tagen habe ich deshalb Gelegenheit, meinen Kindern die genaue Bedeutung der Redewendungen »Vom Tellerwäscher zum Millionär«, »In der Not frisst der Teufel Fliegen« und »Eine Hand wäscht die andere« zu erläutern.

Dann kommt der Mann vom Reparaturservice.

Bange sitze ich auf dem Küchenstuhl, schweige still und erwarte sein Urteil. »Oh-oh ...«, sagt er.

Dann sagt er lange nichts.

Mechaniker und Ärzte haben das voll drauf: »Oh-oh« zu sagen. Und dann lange nichts.

In einem langen Vortrag schließlich bringen sie einem dann bei, dass es sich um ein schwerwiegendes Problem handelt. Es ist die Pumpe. »Es tut mir wirklich leid.«

Dann gilt es, eine Entscheidung zu treffen. »Wenn es *Ihre* Mutter wäre«, höre ich mich noch fragen, »was würden Sie tun?« Aber da tragen sie sie auch schon hinaus.

Nun heißt es abwarten.

»Glaubst du, die kriegen das hin?«, fragt mein Sohn beim Abtrocknen. Und, na ja, was soll man darauf sagen?

»Die Hoffnung stirbt zuletzt«, vielleicht.

Oder – allein um diesen anerkennenden Blick noch mal zu erheischen: »Man hat schon Pferde kotzen sehen.«

Auf der Piste

Freitagabend. Endlich haben Nina und ich unsere Hintern mal wieder hochgekriegt, unsere Männer zu Hause gelassen, um – tadaaa! – tanzen zu gehen. Einfach mal wieder tanzen.

»Wie früher«, dachten wir. »Juhu!«

Nun stehen wir hier auf diesem zugigen Bahnsteig, es ist 22:30 Uhr, und sehen einander in die müden Augen. Unsere Münder sagen: »Hey! Wie schön!« Unsere Blicke sagen: »Was zur Hölle machen wir hier ...?« Aber das würden wir nie laut aussprechen.

Mit der S-Bahn fahren wir bis zur Oranienburger Straße und laufen die Treppenstufen hoch. Viele Stufen. Als Nina sagt: »Ich brauch noch mal 'ne Bank«, halte ich spontan Ausschau nach einem Sitzplatz und biete ihr meinen Arm zum Abstützen an. »Quatsch«, sagt sie. »Ich meinte, ich muss noch Geld holen.«

Verdammt, denke ich. Das sind die kleinen Unterschiede zu den Freitagabenden von früher. Da waren die Dinge irgendwie eindeutiger. Neulich dachte ich mal, jemand hätte mir hintergepfiffen. Aber es war nur ein Mops, der keine Luft kriegte.

Als ich merke, wie ein selbstmitleidiges Seufzen in mir aufsteigt, regen sich meine Widerstände. Jetzt is' mal gut, Susanne. Wir gehen jetzt feiern, so sieht's aus. Die Nacht ist lau, in den Biergärten summen die Stimmen. Wir laufen Richtung *Clärchens Ballhaus.*

»Komm, wir holen uns im Späti noch was zu trinken«, sagt Nina. Yesss, denke ich kurz, heute lassen wir's krachen. Wenige Minuten später verlassen wir den Laden mit einem stillen Mineralwasser, einem alkoholfreien Bier und zwei Postkarten. Nina macht ein Selfie von uns mit ihrem neuen Smartphone. Der Auslöser geht nicht. »Du musst lächeln«, sagt Nina. »Die Kamera löst automatisch aus, wenn sie ein Lächeln erkennt!« Wir heben unsere Mundwinkel bis zum Anschlag. Klick.

Das finde ich wirklich unheimlich ... dass eine Kamera entscheidet, wann ich einen meiner Umwelt zumutbaren Gesichtsausdruck habe. Wahrscheinlich ist es ein chinesisches Modell, und ich sammle pro Fehlversuch Minuspunkte auf irgendeinem geheimen Konto, das mir später die Rente versaut. Oder so. Vielleicht erklärt das auch dieses krasse Einheitslächeln auf all den Bildern in den sozialen Medien.

Neulich hatte ich meinen 15-jährigen Sohn mal zu dem Thema befragt: »Sag mal, brauche ich nun eigentlich Instagram oder nicht?«

»Nee«, hatte er geantwortet. »Das is' hauptsächlich Lifestyle, das is' nix für dich.«

Aha.

Ehe ich etwas gekränkt nachhaken konnte, sprach er weiter: »Ehrlich, das sind hauptsächlich Selfies, und mindestens fünfzig Prozent der Bilder sind vom Mädchenklo.«

»Vom Mädchenklo?«

»Ey, ich weiß auch nicht, was da los is'. Kaum klingelt's zur Pause, schon gehen sie in Zehnergruppen aufs Mädchenklo. Und dann weiß man schon: Ein paar Minuten später geht's dann los bei Insta. Das ist 'ne richtige Gang. Wir nennen sie heimlich auch die ›Stuhl-Gang‹, aber erzähl's nicht weiter.«

»Nee. Würd' ich nie machen.«

Kinder von Lesebühnenautorinnen leben gefährlich.

Nach unserm Selfie gehen Nina und ich weiter zum *Ballhaus* – und, um es kurz zu machen, haben einen überraschend wunderbaren Abend. Die Musik ist so retro wie wir, Gin Tonic ist die Grüne Wiese der Gegenwart, und nach einer Weile ist das alles eh völlig egal. Wir betreten nach anfänglicher Scheu die Tanzfläche und verlassen sie erst wieder, als der DJ einpackt und der Morgen graut. Oder dem Morgen? Das liegt im Auge des Betrachters. Oder der Betrachterin. Wie auch immer.

Als wir auf dem Weg zurück zur S-Bahn sind, fährt eine spärlich bekleidete Frau auf dem Fahrrad an uns vorbei, tief über den Lenker gebeugt. Klempnerinnendekolleté, denke ich müde. Reflexartig ziehe ich mein T-Shirt etwas weiter nach unten und sinniere darüber, dass es Wörter gibt, bei denen wir auf das korrekte Gendern gar nicht so scharf sind.

Nina und ich verabschieden uns am Rathaus. Zu Hause angekommen, falle ich hundemüde und glücklich in die Kissen.

Am Morgen darauf. Ich sitze in meinem Bett, mit dem dritten Kaffee, und komme nicht so recht in die Gänge. Gleich ist es Mittag, aber was soll's.

Mein älterer Sohn kommt rein, sagt etwas zu laut »guten Morgen« und setzt sich zu mir. Nachdenklich sieht er aus.

»Ich komme überhaupt nicht drauf klar, dass ich bald schon zwanzig bin«, sagt er. »Überleg mal, noch mal so viel, und ich bin schon fast so alt wie ihr, das ist doch krass.«

Hm. Ich sage: »Hey, du könntest es auch anders sehen. Noch mal so viel, und du bist immer noch so jung wie deine Eltern! Voll das Leben!«

Das Lächeln, das ich dazu präsentiere, ist so bemüht, dass Ninas Smartphone sofort auslösen würde.

Mein Sohn betrachtet mich schweigend. Sein Blick wandert von meinem müden Gesicht auf meinen Nachttisch, über die Packung Vitamin-D-Tabletten, die Augenfaltencreme zu dem Buch mit dem Titel »Das Geräusch einer Schnecke beim Essen«.

»Ja«, sagt er. »Voll das Leben.«

Als ich das Buch zur Hand nehme, um es zu erklären, rutscht das Lesezeichen heraus. Es ist die Karte, die meine Kollegin Christa mir in diesem Jahr zum Geburtstag geschickt hatte, darauf sieht man ein verlebtes Gesicht und darunter den Satz: »Die Jahre sind spurlos an Dir vorübergegangen. Es sind die Wochenenden, die Dich gezeichnet haben.«

»Verstehe«, sagt mein Sohn. Und am Ende müssen wir doch glatt beide ein bisschen lächeln.

Abschweifen und Tee trinken

Februar. Erkältungszeit. Zu Weihnachten habe ich jede Menge Tee geschenkt bekommen. Allein die Namen sind ja immer schon eine Offenbarung. Aktuell habe ich am Start: »Lebensfreude«, »Klarer Geist«, »Innere Harmonie« und nicht zu vergessen »Andante – folge deiner inneren Melodie«.

Anders ausgedrückt könnte man auch sagen, die Kolleginnen haben mir was fürs Hirn geschenkt, meine Kinder was zur Beruhigung. Und meine Schwiegermutter? Einen Fastentee. Das ist schon alles stimmig irgendwie. Ich habe ihr darauf gleich eine Packung »Detox deine Seele« zurückgeschenkt. Da ahnt man vielleicht so ein bisschen, was die Leute meinen mit diesem »Ein Geschenk sagt mehr als tausend Worte«.

Aber ich finde diesen Namen »Detox deine Seele« auch wirklich grandios. Es ist der Imperativ, der mir daran so gefällt, vielleicht kann ich ihn das nächste Mal verwenden, wenn mir auf dem U-Bahnhof einer blöd kommt: »Ey! Detox ma' deine Seele, Alter!« Zumindest sollte es für den winzigen Moment Verwirrung sorgen, den es in solchen Situationen braucht.

Die Kinder sind in der Schule, die Ferien sind vorbei, ich genieße die Stille. Ich versuche es zumindest. Aber da ist es endlich mal still, und dann quatscht der Tee dich zu! Denn an jedem einzelnen Beutel hängen auch noch mal Weisheiten dran wie »Das Leben ist ein Geschenk« oder »Reise mit leichtem Gepäck«.

Außerdem habe ich meinen Job als Sozialarbeiterin nicht an den Nagel gehängt, um täglich mit Sätzen wie »Gebe, vergebe und sei mitfühlend« oder »Allen zu dienen, das ist die Kunst, glücklich zu sein« konfrontiert zu werden. Klugscheißertee!

Heute früh stand auf einem »Frieden wohnt in dir«.

Ich dachte: Ey, du hast ja keine Ahnung.

Hab ich gleich mal auf die Rückseite geschrieben. Das mach ich jetzt öfter. Das hilft irgendwie.

Was sonst noch übrig ist von Weihnachten, außer Tee und klugen Sprüchen, das ist der Spaß an der Spielkonsole, die sich unser Sohn gewünscht hatte.

Okay, und ein paar Kilos, die ich mir nicht gewünscht hatte. Mit denen ist das auch so eine Sache. Wenn ich sie böse im Spiegel angucke, höre ich sie ganz leise singen. Betont lässig sitzen sie da rum auf meinen Hüften und singen dann mit dieser *Wir-sind-Helden*-Stimme: »Entschuldigung. Wir sind gekommen, um zu bleiben.« Und ganz ehrlich, dieser schnippische Unterton kann einen echt aggressiv machen. Früher war es wenigstens noch Shakira mit »My hips don't lie«, das hatte immerhin so eine optimistische Note. Aber ich schweife ab ...

Diese Spielkonsole jedenfalls ist eine echte Freude. Es ist eine Switch, mein Sohn hatte sie sich lange und inständig gewünscht.

Was er nicht ahnen konnte, war, dass in seiner Mutter – also, der Mutter, der er manchmal die einfachsten Dinge auf ihrem Handy erklären muss; der Mutter, die lange dachte, ein *Meme* sei ein anderes Wort für Theaterschauspieler; der Mutter, die bei Warnungen vor Cookies im Internet immer nur Hunger kriegt, statt sich Sorgen zu machen – dass also in ebenjener Mutter eine verhinderte Gamerin schlummerte:

Ja, Freunde, ich war einstmals die Königin des *Pac-Man*, die Jägerin des *Donkey Kong*, die Bezwingerin der *Space Invaders*. In den Neunzigern war keine Konsole vor mir sicher. Und ich hatte ja keine Ahnung, wie viel Spaß es machen kann, zwanzig Jahre später *Mario Kart 8* auf einer Nintendo Switch zu zocken! Ich fahre Autorennen, als gäb's kein Morgen mehr, und wenn ihr Bilder dazu haben wollt: Nein, ich fahre da nicht als *Peach* oder *Prinzessin* im rosa Autochen herum. Meine Lieblingscharaktere sind *Waluigi* und *Knochenbowser* im *Blue Falcon*. Mit Slick-Reifen!

Ich wurde jeden Tag ein bisschen besser und hatte viel Spaß. Bald schon spielten wir auch gemeinsam. Dennoch sind die Tage meiner Rennen wohl gezählt. Ich gebe auf. Aus pädagogischen Gründen. Denn, so unangenehm es mir auch ist, es ist leider dermaßen offensichtlich, dass ich mit jedem Glas Alkohol, das ich währenddessen trinke, *besser* fahre. Das kann ich meinen Kindern gegenüber einfach nicht mehr vertreten. Mit jedem Tropfen entspannt sich mein Fahrstil, ich drifte genüsslich um jede Kurve und halte mit Gelassenheit das maximale Tempo. Lande ich mal auf den hinteren Plätzen, sagen sie inzwischen Sätze wie: »Mach dir nichts draus, Mum, trink doch noch einen!« Ich schätze, gute Vorbilder sehen irgendwie anders aus.

Auch meine Überlegung, im wirklichen Leben den Führerschein zu machen, habe ich erst einmal ad acta gelegt. Ich fürchte, in der Realität wäre das alles nicht viel anders. Ich habe dann immer so Bilder von mir vor Augen auf der Autobahn im Gegenverkehr, die Polizei hält mich an, und was soll ich dann sagen? »Entschuldigung, Herr Wachtmeister, ich hatte meinen Pegel noch nicht«?

Ich bleibe vermutlich die geborene BVG-Nutzerin. Busfahren macht besoffen auch mehr Spaß, fällt aber weniger auf …

So treiben also meine Gedanken, während ich frischen Tee aufbrühe. Was wohl passiert, wenn ich »Lebensfreude« statt fünf Minuten acht Minuten ziehen lasse? Werde ich noch zu halten sein?

Schlüsselgeräusche von der Tür, mein Sohn kommt nach Hause. »Bin da-ha!«, ruft er. »Hab Hunger!«

»Hab geko-hocht!«, ruf ich. »Es gibt Tee!«

Ich schaue nachdenklich auf das Schild, das am Teebeutel schaukelt. Weiß auf Rot leuchtet seine Botschaft in den Raum: »Atmen hält lebendig.«

»Beweisen!«, schreibe ich trotzig auf die Rückseite.

Aber manchmal hat vielleicht auch einfach der Teebeutel recht.

Taschentherapie

Das Café heißt *Hilde*. Die Leute hier heißen meist Jonas und Marie, ihre Kinder Heinrich und die Taschen Ortlieb und Freitag:

Wir sind in Prenzlauer Berg. Stimmengewirr an veganen Smoothies. Müde Pädagoginnen tragen Augenringe zur Schau und die Last der Welt auf den bunten Schultern. Heinrich ist wach, und alle müssen mit. Hippe Geschäftsleute tragen gelbe Wollschals und bestellen vegetarisches Frühstück. Warum gerade die Leute, die sich im Job als Steakholder bezeichnen, meist Vegetarier sind, wird mir für immer ein Rätsel bleiben.

Auch meine Freundin Nina und ich sitzen hier vor der Blümchentapete, wir heben den Altersdurchschnitt ein wenig, denke ich und freue mich, dass die Bedienung mich geduzt hat. Passiert mir nicht mehr so oft. Ich blättere durch die Postkarten, die ich eben beim Rückweg von der Toilette mitgenommen habe. Ich denke: Ja, das sind wir – die Generation Klopostkarte. Und gleich werden sie den Weg aller Postkarten vor ihnen gehen. Den Weg ohne Wiederkehr: den Weg in meine Handtasche ...

Mit meiner Handtasche ist das so eine Sache.

Ich gehöre nicht zu den Menschen, die sich häufig in zwielichtigen Milieus Ärger einfangen und dann am nächs-

ten Morgen mit schmerzendem Schädel in der Wildnis aufwachen und nur mit dem wenigen überleben müssen, was
sie dabeihaben. Meine Handtasche lässt da jedoch andere
Schlüsse zu.

Neulich zwang mich eine ausgelaufene Tintenpatrone
dazu, den gesamten Inhalt zwecks Reinigung auszuräumen.
Erst habe ich geflucht wie ein Bierkutscher. Dann, nach und
nach, vor lauter Staunen damit aufgehört. Es war wie bei
»Harry Potter«. Hermine kann das auch. Sie hat eine winzige
Tasche, aber kann ganze Zeltlager darin verstauen. Vielleicht
besitze ich mehr magische Fähigkeiten, als ich ahnte? Steht
morgen schon Hagrid mit seinem Regenschirm vor meiner
Bettstatt und erklärt mir, dass ich eigentlich ein armes, ver-
lorenes Zaubererkind bin und mein Vater gar nicht wirklich
mein Vater ist? Das würde so vieles erklären! Nach und nach
also füllte sich der Küchentisch mit dem Inhalt meiner Tasche. Und nach einer Weile lag es vor mir: ein komplettes
Psychogramm.

Ich, die ich nie einen Stift zur Hand habe, wenn ich ihn
brauche, habe nicht weniger als neun Kugelschreiber aus
den Tiefen meiner Tasche befördert. Vier Labellos. Drei leere
Hüllen von faltbaren Rossmann-Taschen. Eine Regenschirm-
hülle. Kopfhörer, zwei Sesamriegel. Fisherman's Friends,
Desinfektionstücher, Sonnencreme, Haargummi, ein Päck-
chen braunen Zucker, zwei Einkaufsbeutel, einen Teebeutel
(»Reise mit leichtem Gepäck«), einen Probierstrumpf, fünf
Postkarten in unterschiedlichen Vergilbungsstadien, den Fly-
er einer Demenz-WG, einen Zeitungsausschnitt über Iggy
Pop, ein Buch, das ich überhaupt nicht kenne, eine CD, die
ich irgendwann mal dringend irgendjemandem zurückgeben
wollte, und eine Kastanie.

Hm.

Ich glaube, wenn ein Psychotherapeut bei der ersten Sitzung sagen würde: »Zeigen Sie mir doch bitte mal den Inhalt Ihrer Handtasche.«, würde das die Sache wahrscheinlich enorm abkürzen.

Er: »Frau Riedel, ich sehe, Sie haben hier neun Kugelschreiber.«

Ich (schluchzend): »Ja, es ist mir auch gleich aufgefallen. Das ist einfach unglaublich ...«

Er würde mir in gesetzten Worten aufzeigen, dass mein Gefühl von Unzulänglichkeit unbegründet und der stets gefühlte Mangel eine Illusion ist; dass ich viel mehr habe, als ich ahnte. Wortlos und zutiefst bewegt würden wir uns voneinander verabschieden. Und wissen, dass wir uns nie wiedersehen würden, weil ja nun alles gut wäre ...

Handtaschenanalyse. Vielleicht ist es Zeit für neue Denkmodelle?

»Woran denkst du?«, fragt Nina.

Ich löse meinen Blick von der Blümchentapete und erzähle ihr von meinen Überlegungen, aufmerksam hört sie zu. Die Bedienung bringt unsere zweite Runde Kaffee. Während ich die eingeschweißten Kekse von den Untertassen in meine Handtasche befördere, beugt Nina sich über den Tisch und erhascht einen Blick hinein.

»Mit dem Inhalt dieser Tasche würdest du in der Wildnis keinen Tag überleben«, sagt sie grinsend.

Ich denke nach. Und ganz ehrlich – ich bin mir da gar nicht so sicher: Aus all den leeren Regenschirmhüllen könnte ich mir locker ein kleines Zelt bauen. Sesamriegel haben eine Menge Energie. Und wenn ich kurz vorm Aufgeben wäre, kurz bevor ich mich noch einmal nach Kräften schminken und frisieren und dann mit dem Probierstrumpf erhängen würde, würden mich die Bilder von Iggy Pop daran erinnern, dass Menschen schon ganz andere Dinge überlebt haben.

Altes Haus, krankes Haus

Pong! »Charité – Campus Benjamin Franklin«.

Wie gerne fahre ich sonst an dieser Haltestelle vorbei, schnell weiter, nach Hause, und schaue dem traurigen Haufen nach, den der Bus hier ausspuckt und der sich schleichend, humpelnd, eilend oder weinend und gelegentlich auch mal blutend dem Eingang des Krankenhauses nähert.

Seit ein paar Wochen nun bin ich Teil dieses Haufens, denn – ich besuche meinen Vater auf Station 42.

All denen, die der Meinung sind, 42 sei die Antwort auf alle Fragen, denen sei an dieser Stelle versichert, dass es sich dabei um einen schrecklichen Irrtum handelt.

Ich jedenfalls gehöre zum schleichenden Teil des besagten Haufens, so viel kann ich verraten, zum blutenden meist erst beim Verlassen des Krankenhauses – wenn man blutende Ohren mitzählt.

Nach einer Reihe von unerfreulichen Operationen auf der Unfallchirurgie versucht mein 86 Jahre alter Herr nun hier wieder auf seine Beine zu kommen. Das mit den Beinen klappt leider noch nicht so gut, es hat ihn ganz schön erwischt, aber ich kann vermelden, dass sein Sprachvermögen schon wieder bei hundert Prozent ist – mindestens.

Ich erinnere mich, dass ich in Physik das Gesetz von der Energieerhaltung gelernt habe, wonach die Energie in einem geschlossenen System stets erhalten bleibt, aber dabei ihre Form wechseln kann. So in etwa muss das funktionieren, ich glaube, dass die gesamte Energie, die bei ihm bisher für die Bewegung des Körpers genutzt wurde, nunmehr in Wörter umgewandelt wird. Und dabei handelt es sich nicht immer um nette Wörter, um es mal vorsichtig zu sagen, ein Teil wird sozusagen direkt mit dem Aussprechen schon in Reibungs-energie umgesetzt. Mein Physiklehrer wäre begeistert. Ich ... na ja ... geht so.

Aber ich sage mir, da, wo Renitenz ist, ist auch Lebens-willen, und versuche, es locker zu nehmen. Das gelingt mal mehr und mal weniger. Die Abende, an denen die Schwe-stern meine Nummer wählen und ihm das Telefon geben, da-mit er zwischendurch *einfach mal jemand anderen* beschimpft als sie, gehen nicht spurlos an mir vorüber. Meine Gedanken kreisen also, auch wenn ich nicht dort bin, ständig um das Thema Krankenhaus und Pflegebedürftigkeit.

Gestern war ich bei Edeka, und an der Theke bestellte je-mand »Farmer-Salat«, und ich dachte für eine Millisekunde: Wir sind doch hier nicht in der Apotheke!

Mein Onlineshopping-Algorithmus ist auch schon ganz durcheinander. Als ich gestern meine Lieblingsunterwäsche beim Onlineportal meiner Wahl nachbestellte, kamen da-nach die üblichen zwei Zeilen mit Werbung.

Eine unter der Überschrift »Gesponserte Produkte für Ihre Einkäufe« zeigte eine Reihe gut aussehender Models in schi-cker, wenn auch figurformender Unterwäsche. Die nächste Reihe listete unter »Das könnte Ihnen auch gefallen« direkt darunter Gehhilfen, Rollatoren und Inkontinenzmaterial für Senioren auf. Das Internet weiß, wie es in meinem Leben gerade läuft, scheint mir.

Ich machte ein Bildschirmfoto. Statt Tagebucheintrag, quasi.

In einer Mail heute früh habe ich das Wort »fatalistisch« mit »V« geschrieben. Vaterlistisch. Hab es so stehen lassen. Doch zurück zum Krankenhaus.

Inzwischen schleiche ich immer ganz schön bedröppelt durch die Krankenhausflure, denn ich weiß nie so genau, welche Stimmung mich auf Station 42 erwartet. Der Fahrstuhl ist auch unglaublich langsam und hat eine nahezu paralysierende Wirkung auf mich. Denn er kann sprechen:

Etwa zehn Sekunden nachdem die Türen sich geschlossen haben, sagt eine phlegmatische und etwas verwaschene Frauenstimme »Tür ... schließt«. Und dann: »Kabine ... fährt ... nach oben.« Irgendwie habe ich immer das Bild, dass sie sich dabei die Fingernägel feilt und die Augen zur Decke rollt, es fehlt nur noch das tiefe Seufzen. Das übernehme ich einstweilen.

Bis der Fahrstuhl im ersten Stock hält, »Tür ... öffnet«, und das ganze Theater von vorn losgeht. »Tür ... schließt«, »Kabine ... fährt ... nach oben.« Denn natürlich hält der Fahrstuhl in *jedem* Stockwerk. Auch wenn da gar keiner steht, der nach oben will. Es gibt so dermaßen viele Menschen, die einfach immer *beide* Knöpfe drücken, nach oben und nach unten, ich werde es nie begreifen! Als ich einmal eine Frau darauf ansprach, sagte sie mit großen Augen: »Na, ich kann doch nicht wissen, ob der von oben oder von unten kommt.«

Ich bemühe mich also um Contenance, während ich wieder und wieder dem Fahrstuhltext lausche und in Gedanken immer warte auf: »Diese Ansage wurde Ihnen präsentiert von Diazepam.« Man könnte doch mal ein fröhliches »Verehrte Fahrgäste – zu Ihrer eigenen Sicherheit möchten wir Sie bitten, sich während der Fahrt festzuhalten« einstreuen.

Ich muss in den 6. Stock.

Dort angekommen, in Zimmer 12, hole ich tief Luft und schaue mal nach, was die Glocke geschlagen hat.

Immerhin sind heute nur zwei der drei Betten belegt, eine gute Nachricht. Ich begrüße meinen Vater und stelle mich dem jungen Mann im Nebenbett vor, den ich noch nicht kenne.

»Da bist du ja endlich«, sagt mein Vater. »Hier funktioniert heute wieder überhaupt nüscht, alles Idioten, die Kanaille, die mich zum CT gefahren hat, der sollte lieber Kohlen ausfahren als Menschen, und der Typ, der die Kanüle gelegt hat, dem sollten se die Hände abhacken, warum bist du so spät? Es is' schon dunkel.«

Okay, denke ich, Entwarnung. Auf der Riedel'schen Eskalationsskala von 1 bis 10 ist das eine solide 7. Damit kann ich umgehen. 7 geht. Man muss das alles positiv sehen; ich bin jetzt schon fast eine Minute hier, und er hat noch nichts geworfen. »Ich bin mit der Kutsche gekommen, und unterwegs ist das Pferd gestorben«, versuche ich eine Entschuldigung, er winkt nur mürrisch ab. Nachdem ich eine Weile zugehört habe, was alles furchtbar und wer alles ein Idiot ist, wundere ich mich, dass es im Nachbarbett so still ist. Als ich nachsehe, begegnet mir der unglaublich gechillte Blick des jungen Mannes, inklusive Lächeln. »Sie, ähm, kommen klar hier?«, frage ich vorsichtig.

»Alles cool«, erwidert er und deutet auf meinen Vater: »Er is' echt 'n Netter.« Meine Verwirrung löst sich erst, als ich diesen schweren Geruch, der mich die ganze Zeit schon irritiert, mit den Utensilien auf dem Schoß des Nachbarn in Verbindung setzen kann: Tabak, Filter, extralange Blättchen – und ja, ganz offensichtlich eine gewaltige Portion Gras. Ich schaue auf meinen Vater. Tja, wenn der keine Indikation ist für medizinisch verordnetes Marihuana, was dann?

Meine Gedanken werden von einem jähen Klopfen unterbrochen. Ein Krankenhausmitarbeiter, der meinen Vater zum Röntgen bringen soll, betritt den Raum. »Machen Se dit ja ordentlich«, sagt mein Vater. »Der, der vorhin da war, dem sollten se die Hände …«

Verunsichert schaut der Transporteur mich an, und ich sage zu, ihn zu begleiten. Der Weg ist lang und führt durch wirre Gänge, die von zahlreichen Baugerüsten, Leitern und Abdeckplanen gesäumt sind.

»Wird aber viel gebaut bei Ihnen«, beginne ich einen Small Talk, während der Transporteur tapfer meinen Vater vor sich herschiebt.

»Ja«, sagt er. »Ist halt ein altes Haus.«

»Ich weiß«, pflichte ich bei. »Ist genauso alt wie ich, im selben Jahr gebaut.«

»Ja, da geht's dann halt los mit den Mängeln. Überall kleine Risse, die Fassade bröckelt langsam. Da is' dann eben Zeit für Korrekturen,« sagt er und schaut mich an. »Gerade wenn man jahrelang nichts gemacht hat.«

Etwas schuldbewusst schaue ich zu Boden: »Ja, manchmal merkt man's zu spät.«

»Na ja«, sagt er. »Und wenn Se mich fragen: Bei dem Alter, da kann man dann so viel Kohle reinstecken, wie man will, das wird nix mehr.«

Nee, das wird nix mehr, denke ich.

Eine Stunde später stehe ich wieder am Fahrstuhl. Ping!, macht es, ich steige ein. »Kabine … fährt … nach unten.« Eine der Schwestern hat gerade Feierabend gemacht und ist mit mir eingestiegen. Ein älterer Herr, auf seinen Gehstock gelehnt, macht uns Platz. Leider drückt er dabei mit seinem Hintern die Knöpfe sämtlicher Etagen.

Die Schwester und ich rollen die Augen, er schaut fragend. Sie zeigt auf die leuchtenden Tasten: »Der wird jetzt in jedem Stock halten.«

Der Mann guckt ausdruckslos, antwortet dann aber trocken und mit einem Schulterzucken: »Na, besser, als würde jeder von uns einen Stock halten.« Dabei guckt er wie Pan Tau und wiegt sich auf seinem Gehstock hin und her. Meine spontane Frage, ob er mich nicht adoptieren möchte, geht im Gelächter der Schwester unter. »Mir würde echt was fehlen ohne diese Fahrstuhlgespräche.«

Auf meine Frage, ob diese drögen Ansagen sie nicht auf Dauer mürbe machen, sagt sie »Ach so, Sabine« und erklärt mir, dass sie und ihre Kolleginnen seit Jahren nur noch »Sabine ... fährt ... nach unten« verstehen, was sich zu so einer Art Feierabendgruß entwickelt hätte und deshalb besser zu ertragen sei.

Seither fahre ich also auch immer gänzlich tiefenentspannt mit Sabine nach oben und nach unten. Dabei denke ich manchmal über das Wort »Hospitalismus« nach. Und muss doch glatt ein bisschen lächeln. Gechillt. Rezeptfrei. Und ohne Filter.

Logorrhoe

Es nützt nix: Ich habe eine Schreibblockade. Früher dachte ich, das ist was, das haben die Diven unter den Schriftstellerinnen, solche, die sich theatralisch den Handrücken an die Stirn legen und auch Dinge sagen wie: »Ich kann so nicht arbeiten, Roger.« Ein Missverständnis. So ist das mit der Welt, sie stellt das klar irgendwann. Die Diva ist mir fern. Aber da sitze ich nun.

Die nächste Lesebühne steht an, ein neuer Text muss her. Und ich sitze vor einem leeren Blatt Papier, den Stift zum Bersten mit Tinte gefüllt – doch nicht ein einziger Buchstabe findet seinen Weg.

»Mir fällt nichts ein!«, jammere ich und lege mir theatralisch den Handrücken an die Stirn.

»Stell dich nicht so an«, sagt der Mann. »Schreib doch 'nen Baum. Drei Seiten grün, eine Seite braun.«

»Blödmann«, sage ich. Coole Idee, denke ich.

Vielleicht wird es mir guttun, mal rauszukommen.

Eine Dienstreise führt mich am Tag darauf zu einer Tagung ins tiefste Niedersachsen. Irgendwo zwischen Großburgwedel und Uelzen liegt Hösseringen bei Suderburg. Allein beim Klang der Namen erfasst mich eine gewisse Entschleunigung. Ich werde absteigen in der *Pension am Gerdausee*, völlig ab vom Schuss in der unaufgeregten wortlosen Landschaft. Was will ich Meer? Meine Fahrt beginnt am Hauptbahnhof.

Allein an Spandau *vorbei*zufahren, ist mir ein Fest. Die Bahnfahrt durch die leuchtenden Rapsfelder lenkt wunderbar vom grauen Himmel und dem Ausbleiben des Frühlings ab.

Als ich entgegen aller Versuche der Deutschen Bahn, mich vom Ankommen abzuhalten, die Pension erreiche, ist es 19 Uhr, und ich stehe vor verschlossener Tür.

Nach mehrmaligem Klingeln kommt aus einem Haus weiter hinten auf dem Grundstück eine rundliche blonde Frau im Schlafanzug angelaufen. Oder ... angeschaukelt. Oder ... ich weiß nicht ... – Was genau ist das Gegenteil von »elegant gehen«? Jedenfalls schwenkt sie schon von fern ein Schlüsselbund vor sich und fängt schon mal an zu reden:

»Ja hallo, na, das ist ja 'n Ding, dass Sie noch kommen, schon 19 Uhr, meine Güte, aber umziehen tu ich mich nu nich' mehr um die Zeit, ne. 'tschuldigung, aber stört Sie ja nicht, ne; Vater ist beim Kegeln, Mutter gerade im Ort am Singen, Suderburg, na ja, sind Sie wahrscheinlich an ihr vorbeigefahren gerade, na ja, aber nun hab ich den Schlüssel, sie sachte: ›Lass du dann mal den Gast rein, ne?‹ Und ich sach: ›Mutter, ich hab doch gar keinen Schlüssel‹, und sie so: ›Aber doch, Kind‹, und ich so: ›Nee, den wolltest du mir immer schon geben, haste aber nie‹, ne, na ja, nu hab ich ihn. Denn ma' rein in die gute Stube.«

Für diesen Text hat sie ungefähr fünf Schritte gebraucht. Die Zeit vermag ich nicht einzuschätzen, meine Ohren sind kurz vor der Selbstentzündung, ich bin ein wenig benommen. Wie kann ein Mensch so viele Worte haben?

Ich höre mich »Hallo ...« sagen, zu mehr komme ich nicht. Sie führt mich zu meinem Zimmer und zeigt mir den Balkon, danach den Frühstücksraum. Die Führung dauert etwa eine Minute, dabei werde ich über folgende Fakten informiert: »Ich hab schon immer hier gewohnt, da stand nur ein Haus, damals, da hab ich mit meinem Bruder in einem ganz kleinen Zimmer gewohnt, meine Güte, wenn ich mir das heute vorstelle, ach, guck, die Schwäne auf dem See, die sind sonst immer zu zweit, komisch, und Entenbabys hatten wir auch eigentlich, aber nu nich' mehr, vielleicht war der Fuchs da, na ja, und hier ist die Dusche, aber passen Sie auf, dass Sie mit dem Hintern nicht das Wasser auf heiß drehen, wenn Sie sich umdrehen, das passiert mir immer ...«

Ich denke über die Formulierung »als Kind zu heiß gebadet« nach ... Vielleicht funktioniert das ja auch mit Erwachsenen. Es folgt ein Vortrag über Bettwäsche, Zimmerpflanzen, Wurst und Campingplätze, dann folgt sie dem Ruf ihres Pyjamas und lässt mich allein.

Ich sitze auf meinem Bett. Die Stille dröhnt. Ja, ich hatte gehofft, hier Worte zu finden, aber das hatte ich mir irgendwie anders vorgestellt.

Ich hänge mein Handtuch an einen beigefarbenen Haken auf grünem Grund, auf dem *SIE* steht, neben *ER*.

Da diskutieren wir in Berlin über Unisextoiletten als Antidiskriminierungsmaßnahme für genderqueere Nutzer*innen – und hier hängen ungeniert und ungegendert diese Haken. Relikte der Urzeit. Aber ich bin dankbar, dass es keine Haken für Waschlappen gibt, auf denen »oben« und »unten« steht, das kenne ich noch aus der Wohnung von Tante Erna und Onkel Willi. Brrrr. Ich halte unvermittelt nach einer Klopapierrolle im Häkelkleid Ausschau, aber nein, die fehlt. Ein Glück, sonst hätte ich vielleicht angefangen zu glauben, ich hätte mich in einer niedersächsischen Zeitschleife verfangen.

Ich bin hundemüde, lasse mich ins karierte Bett fallen und schlafe umgehend ein. Im Traum reicht mir Tante Erna ein

Herva mit Mosel, dazu singt Christian Anders »Es fährt ein Zug nach Nirgendwo«.

Früh am Morgen begebe ich mich in den Frühstücksraum. Die Chefin ist schon ganz munter, versorgt mich mit Kaffee und Brötchen und quetscht mich beiläufig über Anlass, Hintergrund und Sinnhaftigkeit meiner Reise, finanzielle Verhältnisse, Religionszugehörigkeit und Beziehungsstatus aus. Es gibt ja so Leute, die schaffen das, ohne dass du es so richtig mitkriegst. Ich wollte gar nicht antworten. Aber morgens um halb sieben bin ich nun mal mit Aufwachen beschäftigt, das ist ein längerer Prozess. Wer genau hinsieht, erkennt in meinen Pupillen den Upload-Balken. Und während des Hochfahrens hab ich die Deckung noch nicht oben, da passieren schon mal Sachen ohne Absicht. Egal.

Die Chefin jedenfalls quetscht mich aus, und ich werde für meine müden Antworten mit einem zweiten Kaffee belohnt, dann rauscht sie in die Küche. Endlich Zeit, den Raum zu betrachten.

»Auch beruflich hier?«, fragt ein Mann vom Nebentisch und stellt sich als Vertreter für Fäkalspülen vor. Um genau zu sein, sagt er den schönen Satz »Ich mache in Sanitäranlagen«, und ich denke leise: Tun wir das nicht alle? Ich komme mir vor wie in einem Film. *Ga Ga Land*. Und in meinem Kopf feiert Loriot eine Party.

Beim Rausgehen sehe ich noch einen Verkaufstisch für Hausgemachtes: Pflaumenmus, eine Dose mit der Aufschrift »Kopfwurst« und selbst gehäkelte Klorollenbehälter in allen Farben des Regenbogens.

Jetzt aber schnell los zu meiner Tagung. Und danach direkt zurück nach Berlin, meine Schreibkrise pflegen. Schade, dass ich noch keinen Stoff für eine Geschichte gefunden habe. Andererseits bin ich auch beruhigt: Wenn mir künftig die Worte fehlen, weiß ich, wo jemand anders gerade zu viel davon hat. Vielleicht ist das dieses kosmische Gleichgewicht, von dem die Leute immer reden.

Partytime

»Volle Hütte, richtig Party!«, ruft Ela und strahlt mich an. Sie wird 47 und will endlich mal wieder so richtig feiern, sagt sie. »Man muss ja nicht immer auf den Fünfzigsten warten, oder?«

Ich bin sofort Feuer und Flamme und absolut ihrer Meinung.

Ela und ich haben früher Nächte durchgefeiert und Tage ignoriert, haben uns zu wilden Rocksongs bunte Strippen in die Haare geflochten und schwarze Lederjacken zu pinken Shirtkleidern getragen. Wir tranken im Wechsel Blue Curaçao und Yogitee und tanzten durch die Bhagwan-Disco. *Far Out* hieß der Schuppen, also zu Deutsch jwd. Und manche Leute, die dort tanzten, waren in der Tat *very far out*. Und *of order* sowieso. Wir durchtanzten *Linientreu*, *Rocket* und *Bunker* und sangen uns auf dem Heimweg den Regen lila.

Will sagen: Ich finde, wir feiern schon seit Langem viel zu wenig! Ich freue mich auf die Party und frage nach dem Datum, um es mir gleich fett im Kalender einzutragen. Da sagt Ela das Unverzeihliche: »Sonntag, so ab elf.«

Versteht mich nicht falsch, ich frühstücke wirklich gern.

Aber wann fing das eigentlich an?, denke ich seither unentwegt. Wann fingen wir an, unter einer »Party« einen Brunch zu verstehen? Wann fing es an, dass wir mit »elf« nicht mehr 23 Uhr meinten?

Ich warte nur noch auf das obligatorische »Jeder kann was

mitbringen, irgendwas Veganes wäre toll«, aber Ela ist gerade zu sehr damit beschäftigt, die japanische Bedienung der Sushibar, in der wir gerade sitzen, zu beschäftigen. Zu verwirren vielmehr, denn sie besteht stets darauf, die Bestellung in der Landessprache des jeweiligen Restaurants aufzugeben. Wegen Wertschätzung und so.

»Saba misoni, ohitashi, sashimi moriawase ...« Ich dämmere ein wenig weg.

Ach, Ela. Wie lange ist es her, dass unsere Handtaschen aus Jute waren und unsere Kleidung noch kein Outfit. Dass wir mit dem Fahrer vom Nachtbus so viel gelacht haben, dass er uns am Ende der Tour mit dem Doppeldecker nach Hause fuhr. Dass es eine hippe Jeansmarke namens Acne gibt, hätten wir für ein Gerücht gehalten und weiter auf unsere 501 gespart. Hätte uns damals jemand was von Ottolenghi erzählt, hätten wir gedacht, das ist ein Komiker. Das Kochbuch, das du mir zu meinem zwanzigsten Geburtstag schenktest, hieß »Das Schlampenkochbuch«, ich habe es bis heute. Es ist ein Rezeptbuch für Menschen, die nachts nach Hause kommen, vielleicht mit mehr Leuten, als sie geplant hatten; alle haben Hunger, aber niemand Geld, eine Pizza zu bestellen. Für solche Fälle stehen da Rezepte drin, Gerichte – zubereitet aus Zeug und Konserven, die man vielleicht doch in irgendwelchen Ecken findet.

»Und einmal Gomawakame, bitte ...«, sagt Ela gerade. Ich merke auf.

»Kenne ich«, rufe ich. »Das ist dieser Hawaiianer mit der Ukulele!«

Ela guckt strafend und sagt dann was von Seetangsalat mit Sesam. Schuldbewusst versenke ich meinen Blick im grünen Tee.

Jetzt sind ein paar Wochen vergangen, und ich sitze hier auf dieser ... Party. Es ist Sonntag, ein Sektfrühstück. Der Sekt ist alkoholfrei, eine der Frauen ist schwanger, und alle müssen mit. Na prima! Viele Leute aus dieser Runde hier habe ich seit Jahren nicht gesehen.

Interessant finde ich, wie normal es scheint, sich zu begrüßen mit Sätzen wie: »Ach, Mensch, wir haben uns ja lange nicht gesehen. Wie alt sind deine Kinder jetzt?«

Habe ich da was verpasst? Gab es irgendwo Mitte dreißig eine Garderobe, an der wir die eigene Identität abgelegt haben und seither nur noch über unsere Kinder sprechen können?

Keine Frage, meine Kinder *sind* großartig, und ich erzähle gerne und viel von ihnen. Aber sie haben den Auftrag, mich an dem Tag zu erschießen, an dem ich aufhöre, noch was anderes als ihre Mutter zu sein.

Hier sitzen wir nun also gut gebügelt an der sonntäglichen Kaffeetafel. Und reden ... über unsere Kinder. Ela und ihre Schwester stimmen gerade die Titelmelodie von »Bibi Blocksberg« an, Nina gibt »Anne Kaffeekanne«. Okay, Herdentrieb, ich kann nicht anders und singe voller Inbrunst das Lied von Koks, dem Drachen aus »Ritter Rost und das Gespenst«. Hm, vielleicht war da doch was in dem Sekt? Wo sind eigentlich die Kekse, die ich mitgebracht habe?

Es klingelt, eine alte Klassenkameradin kommt hereingestürmt, direkt auf mich zu. Sie ruft: »Mensch, Susanne, das muss ja mindestens zehn Jahre her sein!« Was so viel heißt wie: »Mensch, Susanne, das muss ja mindestens zehn Kilo her sein!« Ich höre solche Nuancen in den Sätzen.

»Schicke Frisur, Astrid!«, sage ich, was so viel meint wie »Du warst doch auch mal blond, du Zombie.« Wir lächeln wissend. Astrid und ich konnten uns noch nie leiden.

Nun sind wir auch noch alle in userm Kiez hängen geblieben beziehungsweise nach ein paar Exkursen wieder hierher zurückgekehrt. Mit uns Südberlinern ist das echt die Pest. Wir bewegen uns nicht. Also, selten.

In der Küche komme ich tatsächlich kurz mit einer Frau ins Gespräch, die weggezogen ist aus Steglitz.

»Wohin?«, frage ich sie aufgeregt.

»Nach Brieselang, das ist ...«

»... kurz hinter Spandau, kenne ich! Da wohnen ziemlich viele Berliner, oder?«

»Ja«, sagt sie fröhlich. »Vor allem Bundesbeamte. Und ganz viele Polizisten«, berichtet sie nicht ohne Stolz. »Wir haben die höchste Schusswaffendichte Brandenburgs!« Deshalb nenne man Brieselang in den Nachbargemeinden auch liebevoll *Coptown*.

Ich biete ihr einen Keks an und beschließe, mal wieder Richtung Karaoke-Tisch zurückzugehen. Und siehe da, hier sind sie über »Bibi Blocksberg« lange hinaus. Selig stehe ich im Türrahmen und betrachte die Szene: Die Festtafel wurde zur Seite geschoben, es wird auf Couch und Boden gelagert, die Stimmung ist gut. Emma und Kirsten sitzen kichernd auf der Couch. Nina hat sich eine Flasche Rotwein aufgemacht, Michi bastelt Figuren aus dem Korken, und Kathi murmelt im Vorbeischlenkern was von »Schokolade suchen«. Der Klang munterer Gespräche erfüllt den Raum. Ich erhasche Gesprächsfetzen, niemand redet mehr über Thermomix und Lymphdrainage, es geht um Träume, Leben und Musik. Martin steht an der Anlage und sucht Tanzbares raus, Eric hat eine Gitarre unterm Bett gefunden und singt gerade voller Inbrunst »Brennend heißer Wüstensand ...«. Ich sehe Ela im

Schneidersitz inmitten ihrer Gäste sitzen. Ihr Lachen leuchtet. Unsere Blicke begegnen sich einen Moment. Lauthals singen wir »So schön, schön war die Zeit ...«. Und siehe da: Sie ist es noch. Und immer wieder.

Gassi mit dem Schweinehund

Ein Sommermorgen, 7 Uhr. Nach intensivem Ringen mit meinem inneren Schweinehund setze ich mich aufs Fahrrad und mache mich auf zur Krummen Lanke, um vor dem Büro noch eine Runde schwimmen zu gehen.

Eine Runde schwimmen gehen, denke ich. Das passt. Wenn jemand am gegenüberliegenden Ufer steht, dann kann er genau sehen, wie eine Runde schwimmen geht.

Vielleicht ist ja diese verhuschte Frau wieder da, die kachektische Mittfünfzigerin mit den Tüchern in den Haaren, die immer einen Kinderwagen um den See schiebt, für den Fall, dass ihr Hund irgendwann nicht mehr laufen will.

Aber heute Morgen ist glücklicherweise noch nicht so viel los, und ich fühle mich einigermaßen unbeobachtet.

Letzte Woche hatte ich einmal den Fehler gemacht, am späten Nachmittag herzukommen. Wespen umschwirren dann warme Bierpfützen, Menschenmassen, so dicht wie dicht, blasse alte Säcke mit roten Köpfen – also quasi Berliner Weiße, rot – grölen jungen Bikinischönheiten hinterher, und man kriegt so eine Ahnung, wofür das Wort »hochnotpeinlich« erfunden wurde. Bei Getreide sprechen die Bauern von »Notreife«. Noch mal kurz alles rauslassen, was man hat, bevor es bald vorbei ist. »Komm zu Papa, Zuckerschnecke«, rufen sie und klopfen sich auf die Schenkel. Wenn ich an ihnen vorbeimuss, überlege ich mir vorher passende Antworten, komme aber nie zum Zuge. Sie lassen mich kommentarlos passieren. Wenn ich etwas noch mehr hasse als sexistische Deppen, dann sind es altersdiskriminierende sexistische Deppen.

Es passiert mir noch manchmal, dass ich dieses Ü40-Phänomen vergesse: latente Unsichtbarkeit. Aber sei es drum, in manchen Situationen entspannt das ungemein.

An meiner Lieblingsbadestelle angekommen, halte ich kurz inne: Am Ufer sitzen zwei junge Kerle. Übriggebliebene der letzten Nacht, das erkennt man an den Bierdosen, die sich um sie herum türmen, und den sehr dunklen Ringen um ihre roten Augen. Die Muskelpakete werden von den eng anliegenden Muscle-Shirts nur andeutungsweise bedeckt, auf den schwarzen Käppis sind Blitze und Feuer und wirre Zeichen in Rot. Neukölln zu Gast in Zehlendorf.

»Cobra!«, schreit der eine plötzlich, und aus dem Gehölz zu seiner Rechten kommt ein gigantischer Pitbull geschossen. Er trägt ein schwarzes Halstuch. Mit Blitzen und Feuer und wirren Zeichen in Rot.

Als ich gerade überlege, ob ich mich hier ins Wasser traue oder meiner Angst vor Kampfhunden im Allgemeinen und Cobra im Besonderen nachgeben und mich verziehen soll, kommt von links eine kleine weiße Fluse aus dem Gebüsch herangesaust, direkt auf Cobra zu.

Ich überlege gerade, wo ich die kleine Promenadenmischung schon mal gesehen habe, da sehe ich schon die Frau mit dem Kinderwagen des Weges kommen.

»Schröööder!«, flötet sie gerade, doch Schröder und Cobra sind gerade mit Beschnuppern beschäftigt. Als sie näherkommt und die Szene überblickt – Cobra ist ungefähr drei Mal so groß wie Schröder –, wird es sehr blass unter den bunten Tüchern, auf ihren Wangen bilden sich hektische Flecken, oder sagen wir: wirre Zeichen in Rot.

»Schröder, komm her!«, ruft sie energisch und wedelt bekräftigend mit ihrem ZEITmagazin. Aber Schröder will nicht. Schröder schnuppert.

»Junge oder Mädschn?«, fragt es unter einem der Käppis hervor.

»Ein Rüde«, antwortet die Dame mit spitzem Mund.

»Krass, ein Glück, Alter. *Dann* will sie nur spielen.«

Katzen spielen vorher auch immer mit ihrer Beute, denke ich und betrachte die kläglichen Überreste des Stocks, mit dem Cobra vorher *gespielt* hat. Aber letztlich bin ich froh, dass alle so schön beschäftigt sind und ich mich in Ruhe zu Wasser lassen kann.

Beim Schwimmen versuche ich, mich von meinen vagen Zwangsvorstellungen rund um Welse, Piranhas und weiße Haie abzulenken. Ich habe als Kind zu viel ferngesehen. Ich lasse meine Gedanken zurück ans Ufer treiben ... Hundebesitzer sind auch ein Volk für sich. Ich hatte nie einen Hund, war aber immer nah dran:

Harras hat mich als kleines Kind vor dem Ertrinken bewahrt, sagt die Legende. Hat mich mit seinen beachtlichen Zähnen an der Windel festgehalten, während ich außerhalb des Blickfelds der plaudernden Eltern auf einen Swimmingpool zukrabbelte.

Maltes Hund hieß immer nur Hund, seine Nachfolger auch. Das war ungeheuer praktisch.

Emilys wunderbarer Hund heißt Alfi. Eigentlich Alfons. Besonders schön ist, dass Alfi immer anfängt zu wedeln, wenn jemand »iPhone« sagt, weil es so ähnlich klingt.

Tine war es, die mir erzählte von einem Bekannten im

dicht bewaldeten Nordosten der USA, der seinen Hund Timber nannte und gern einsame Waldspaziergänge unternahm, wobei er so oft und so laut wie möglich nach seinem Hund rief: »Timber« ist der Warnruf der Holzfäller, bevor ein Baum fällt. Wer diesen Ruf hört, ist erst mal wach und ergreift die Flucht. Wie müsste man in Berlin solch einen Hund benennen? »Diefahrscheinebitte«?

Als ich zurück ans Ufer komme, ist der Kinderwagen mit einem Fahrradschloss an einer jungen Birke angeschlossen. Die verhuschte Frau sitzt mittlerweile neben den Jungs am Ufer, öffnet gerade eine Bierdose und legt verständnisvoll den Arm um die Schulter des einen:

»... und dieser Sonnenaufgang hat mir echt den Rest gegeben, Mann ...«, schluchzt der gerade mit tränenerstickter Stimme. Schröder und Cobra nutzen den Moment und verziehen sich ins Gebüsch. Cobra vorneweg, Schröder entschlossenen Schrittes hinterher. Ich könnte schwören, er hat mir gerade zugezwinkert.

Alles in allem: ganz großes Kino.

Auf dem Heimweg denke ich darüber nach, dass ich nur einen *inneren* Schweinehund zu bieten habe. Und der hat noch nicht mal einen Namen. Aber das kann man ja ändern. »Schröder und Cobra« würden mir gefallen. Mehr Berlin geht nicht. Und ich habe eigentlich schon immer geahnt, dass sie zu zweit sind.

Kürbissuppenballade

Melodie: Fredy Sieg, Das Lied von der Krummen Lanke (1923)

Vor'n paar Wochen im Aujust
Da hab ick noch nich' jewusst
Det ick heute Kürbissuppe essen muss
Damals hatt' ick grad entfernt
Die Hanna kenn'jelernt
Aber heute is' schon mit die Liebe Schluss

In 'ner hippen Szenebar
Da sah ick sie det erste Mal
Sie trank Hugo zu Vollkorn-Tiramisu
Und ick schlängelte ma' ran
Und wir fing' zu quatschen an
Und um Mitternacht war'n wir schon mächtig zu

Und denn saß ick mit die Hanna uff de Banke
Und ihr Haar, det war sehr wundersam jetönt
Nebenan, da blinkten Schilder anner Tanke
Und der Verkehrslärm der Schönhauser hat jedröhnt
Und wir holten uns noch Kippen raus beim Späti
Und ick gloob, ick hab 'ne Pulle Schnaps gekauft
Es war die 5. Jahreszeit
Und zu ihr war's ja nich' weit

Und so nahmen halt die Dinge ihren Lauf

Doch so einfach war det nich'
Der U-Bahnhof war dicht
Und zum Laufen war's dann eben doch zu weit
Ooch der Nachtbus fuhr nich' mehr
Die Köppe war'n uns schwer
Man muss klar sagen: Wir war'n hackebreit

Doch da sagte Hanna: »He!
Ick hab da 'ne Idee!«
Und sie hat sich uff 'ne Parkbank hinjesetzt
Erste Blätter fiel'n vom Baum
Und ick war voller Vertrau'n
– Bekanntlich stirbt die Hoffnung ja zuletzt

Und so saß ick also mit ihr uff de Banke
Und die App, die hat zum Laden lang gebraucht
Hanna sagte »Komm!« und nahm mich anner Pranke
Von »E-Roller« hat sie noch wat jehaucht
Und denn küsste sie mich unter 'ner Laterne
Ick fühlte mich im siebten Himmel fast
Und direkt am nächsten Poller
Stand ooch schon 'n freier Roller
Sie sah mich glasig an und sagte: »Passt.«

Na, kurzum, nu lieg ick hier
Und ick kann nich' viel dafür
Det Letzte, wat ick weeß, is' nich sehr viel
Ick seh uns noch uff dem
Elektroroller steh'n
Mit Kurs uff parkendes Automobil

Hanna liegt nu nebenan
Ooch bei ihr is' allet dran
Nur die Schädel haben wir uns doll jeprellt
Ja, die Schwestern sind sehr nett
Und bequem is' ooch det Bett
Doch den Herbst hatt' ick mir anders vorjestellt

Det kann dauern, bis ick wieder uff 'ner Banke
Gemütlich fleezen kann, so viel steht fest
Und denk ich an Hanna, denk ich nur »Na, danke« –
Wie schnell ein' doch die Liebe ooch verlässt
Nachts, da träume ick von Sommer und von Helmpflicht
Und denn lieg ick wach und denke an den Sturz
Jeden Tach jibt's hier nur Suppen
Ick vermisse meine Fluppen ...

Den nächsten Roller, den ick seh, den schließ ick kurz!

Im Land des Lächelns

Anfang Februar. Regentropfen rinnen die Scheiben herab, dahinter erkennt man verschwommen die graue Straße und den grauen Hausmeister, der lethargisch das graue Streugut kehrt. Guten Morgen, Welt.

Ich schwinge mich in ein wetterfestes Outfit und betrachte noch einmal kritisch mein Spiegelbild, bevor ich aus der Tür gehe ...

»Du musst dich mal eincremen«, hatte mein Vater mir gestern zur Begrüßung entgegengerufen, als ich ihn im Pflegeheim besuchte, und auf meine Stirn gezeigt mit den Worten: »Da schlagen die Falten durch!«

Die richtigen Antworten fallen mir ja immer zu spät ein: »Stimmt«, hätte ich sagen können, »haste mal überlegt, wie alt jemand sein muss, der so 'ne faltige Tochter hat?«

So was fällt mir immer zu spät ein. Am nächsten Morgen zum Beispiel, so wie jetzt.

Trotzig schaue ich in den Spiegel und gehe los. Ich bin entschlossen, mir die Laune nicht verhageln zu lassen: Ich habe heut frei, und einen Friseurtermin hab ich auch. Darauf freue ich mich, und Schnacken beim Schnippeln in *Günthers Salon* an der Kaisereiche ist immer besser als jede Therapiestunde.

Bei Günther angelangt, sitze ich noch kurz in der Warteecke. Ich lasse meinen Blick schweifen. Günther ist Biker, durch und durch, neben den historischen Föhnen im Schaufenster liegen im Leseregal circa zwanzig verschiedene Motorradmagazine und genau ein Kinderbuch.

Dass dieses eine Buch bei einem Friseur dann ausgerechnet »Zehn kleine Zappelfinger« heißt, finde ich durchaus bemerkenswert.

Analog dazu hatte bei meinem Zahnarzt neulich auch ein Cartoonband ausgelegen mit dem schönen Titel »Im Land des Lächelns«.

Im Internet gibt es ja derzeit diesen Trend der »Gegenteil-Bücher«. Dort denken sich Leute sinnverkehrte Buchtitel aus: »Die kleine Raupe Völlegefühl« zum Beispiel. Oder »Nathan der Vollidiot«. Mein Favorit: »Godot – pünktlich wie immer!«

So ähnlich hat sich das für mich angefühlt, als bei meinem Zahnarzt »Im Land des Lächelns« im Regal lag. Was mich betrifft, sollte da »Im Tal der Angst« ausliegen. Oder wenigstens ein Druck von Munchs »Schrei« im Wartezimmer hängen.

Zurück zu Günther. Ich bin dran und sage: »Günther, ... sollen wir heute mal irgendwas anderes ausprobieren? Irgendwas Frisches, mit Farbe oder so?« Und weil er eben Günther ist, sagt Günther: »Ach so, Krise oder wat?«

Etwas schuldbewusst schlage ich die Augen nieder.

»Machet nich', Liebelein. Gefärbtes Haar kann man zwar besser frisieren, aber nur weil, na ja ... – Das kann sich dann halt nicht mehr so wehren. Dat passt nich' zu dir.«

Er kocht mir einen Kaffee, das macht er sonst nie (»Hier is' Haareschneiden, Kaffee kannze nebenan trinken«), und ich fühle mich sehr aufgehoben.

Mit alter Farbe, aber frischem Schnitt verlasse ich Günther

wenig später frohgemut Richtung Bushaltestelle. Ist wie bei Blumen, denke ich, ab und zu anschneiden, dann stehen sie länger.

Das mit dem Längerstehen kann sie haben, findet die BVG. Als mein Bus mit zwanzig Minuten Verspätung endlich kommt und die Menschen alle auf einmal in den Eingang hineinschwappen, als hätte jemand einen unsichtbaren Stöpsel gezogen, verdrehe ich mir auf der Treppe zum Oberdeck mein Knie so blöd, dass – als ich endlich unsere Wohnung im vierten Stock erreiche – die Haare auch schon wieder fast egal sind.

Die Jungs sind zu Hause. Ich spare mir heute mal das gute alte Spiel: »Ist dir was an mir aufgefallen?«

Das hat bei meinen Jungs noch nie geklappt, sie geraten dann immer in Panik, werden ganz blass und fangen an, wirr und wahllos zu raten und Komplimente in den Raum zu schleudern. Habe ich ein neues Top, sagen sie: »Ah, neuer Nagellack!« War ich beim Friseur: »Boah, cool ... neues *Outfit*?«, und so weiter.

Ich gebe zu, wenn ich schlecht drauf bin, stelle ich die Frage auch mal, obwohl gar nichts neu ist an mir, nur um ein paar Komplimente zu provozieren. Ich bin auch nur ein Mensch, bitte nicht weitersagen.

Emily ist gerade zu Besuch.

Wenigstens ihr fällt auf, dass ich ein bisschen humpele. Ich weiß nicht, ob es der Versuch ist, Trost zu spenden, als sie sagt:

»Mein Pferd hat sich beim Knicks-Machen auch gerade das Knie verstaucht, weil es in der letzten Zeit zu viel gefressen hat.«

An diesem »auch« kaue ich immer noch.

Es wird wohl so wie immer sein. Morgen früh fällt mir ein, was zu sagen wäre. Auch Retourkutschen treffen halt zuweilen mit Verspätung ein.

Touché

Bahnhof Spandau, 8:20 Uhr. Ich steige aus der Regional-
bahn und schiebe mein Fahrrad zum Fahrstuhl. Vor mir zwei
gediegene ältere Herrschaften, beide schätze ich auf Mitte
achtzig. Und in dem leicht überheblichen Tonfall, der den
folgenden Dialog bestimmt, schwingt ein Hauch von *Sherlock*
und *Dinner for One* ...

Sie zu ihm: »Machen Sie mal Platz, da möchte noch ein
Fahrrad rein.«

Er (zischt): »Ach, vielen Dank, ich ignoriere grundsätzlich
meine Umwelt.«

Sie: »Ja, so ist das, wenn man im Alter nicht mehr alles
mitkriegt.«

Er: »Ja, ich habe davon gehört. Aber Sie haben da wohl
mehr Erfahrung.«

Wow! Touché. So früh am Morgen – und schon im Kino gewesen. Hochmotiviert mache ich mich auf ins Büro. Hier, in
der Altenhilfe, habe ich tagtäglich mit älteren Menschen zu
tun. Und erlebe ganz abseits der Klischees jede Menge span-
nende und facettenreiche Charaktere. Früher fand ich alte
Leute eher langweilig. Meine Assoziationen waren, ich gebe
es zu: verdrossen, verbohrt, nörgelig und ewig gestrig; Geiz,
Misstrauen, Volksmusik und Büchsengemüse. Zu meiner
Verteidigung muss ich sagen, dass diese Attribute auch auf

fast all meine Verwandten ersten und zweiten Grades zutreffen. Umso glücklicher bin ich, dass ich im Rahmen meiner Arbeit meinen Horizont erweitern durfte.

Von der hochaltrigen Frau K., die das Kaiserreich noch mitbekam im alten Berlin, hörte ich vor ein paar Jahren mal folgenden Satz: »Und denn kamen Se alle janz uffjerecht vonna Allee jerannt und riefen: ›Ick hab SM jeseh'n, ick hab SM jeseh'n!‹«

Wegen meines irritierten Blicks erklärte sie dann beiläufig, SM sei damals die Abkürzung für »Seine Majestät« gewesen. Diese Erklärung unterbrach dann Gott sei Dank jäh mein Kopfkino.

Eine schwer kranke alte Frau am Sauerstoffgerät raunte mir mal zu: »Mensch, Frau Riedel, man sieht mir dit nich' mehr an ... aber ick war in San Francisco damals, in zerrissenen Jeans ...« Dabei blitzten ihre Augen, und man bekam so eine Ahnung.

Der übergewichtige und immer etwas zu blasse Herr H. sang beim Sommerfest immer gerne aus voller Kehle Matrosenlieder. So weit, so gut, Generation Freddy Quinn, dachte ich. Die Geschichte dahinter – das Abhauen von zu Hause, das Zur-See-Fahren und die selbst gestochenen Tattoos, bevor er seine Boxerkarriere begann –, davon erfuhr ich erst im Laufe der Jahre.

Seither bin ich nicht mehr so schnell bei der Hand mit meinen Schubladen. Und bei Dialogen wie dem heute Morgen im Fahrstuhl frage ich mich seither immer, was wohl die Geschichte hinter diesen Menschen ist. Überhaupt bremse ich mich mit dieser Frage öfter mal aus, wenn ich wieder mal dabei bin, mich über meine Mitmenschen aufzuregen. Über die, die morgens sturzbetrunken in der U-Bahn sitzen. Sich an der Kasse vordrängeln. Gurkenlifte von Tupper kaufen.

Wenn ich mir kurz sage: »Ich kenne die Geschichte dahinter nicht«, reicht das meist schon aus, um einmal tief Luft zu holen und mich in Gelassenheit zu üben.

Ich frage mich, wie die Welt aussieht, wenn *wir* alt sind, so *richtig* alt …

Wir werden viele sein, so viel steht fest. Und eigen, keine Frage. Ich stelle mir Pflegeheime vor, wo die Wohnbereiche vielleicht nach Musikgeschmack geordnet sind. Die Sprüche an den Wänden heißen nicht mehr »Üb immer Treu und Redlichkeit«, sondern »Dance like no one is watching«. Pflegekräfte bekommen Fortbildungen in der Versorgung achtzig Jahre alter Tattoos und Piercings. Es wird endlich stimmen, wenn wir uns mit »Ey, Alter« ansprechen. Der Wohnbereich *Helene* wird zu dem Wohnbereich *Punkrock* ein Verhältnis pflegen wie *Gryffindor* zu *Slytherin*, doch all das wird friedlich ausgetragen bei den Hausmeisterschaften im Chair-Rocking und 3D-Angeln … Und in den Hochbeeten blüht der Hanf …

»Mum, mach dir doch nicht solche Gedanken«, sagt mein jüngerer Sohn. »Du bist doch in der Blüte deines Alters …«

Genau, denke ich mir. Und wenn ich weiß, wie diese Blüte aussieht, dann lasse ich mir vielleicht doch noch ein Tattoo stechen.

Mottowochen

Als meine Kinder noch ganz klein waren, haben sie manchmal Wörter erfunden. Weil sie Schwierigkeiten mit der Aussprache hatten, zum Beispiel: Joghurt hieß bei uns lange »Loluk«, Knoblauchkrabbensalat »Nüpapabbe«, und Eichhörnchen nennen wir auch heute noch liebevoll »Hossassa«. Meine Freundin Kirsten war damals latent genervt und riet, wir sollten uns doch mal freiwillig beim Bundesnachrichtendienst melden, zum Verschlüsseln von Nachrichten. Diese Codes würde im Leben kein normaler Mensch knacken.

Amina, die Tochter unserer Freunde, erfand damals übrigens die »Kamütze«. Und ich bin auch heute noch dafür, dass dieses wunderbare Wort für alle, die sich nicht zwischen einer Mütze und einer Kapuze entscheiden wollen, in den Duden aufgenommen wird.

Doch irgendwann dann, etwa in der Zeit, wo sie aufhören, niedlich zu sein, ändern sich die Themen. Und schwupp sind sie 18 und machen – möglicherweise – Abitur. Sie können komplizierte Wörter wie »Mojito« und »Caipirinha« akzentfrei aussprechen und finden Eltern sehr peinlich, die beim Anblick eines Eichhörnchens im Stadtpark begeistert »Hossassa!« rufen.

Die Dialoge werden seltener in diesen Jahren, es sind zunehmend Grunzgeräusche, die man austauscht, und Gott sei Dank habe ich mir rechtzeitig ein wenig Zeichensprache beibringen lassen. Das High Five ist ja vergleichsweise leicht (sollte man allerdings nicht mit einem Onkel üben, der mal einen Finger verloren hat. »Hey, gimme ... four?« – Das ist dann ein blöder Moment.)

Besonders stolz bin ich, dass ich diesen Rappergruß jetzt auch kann, den mit der Faust. Mein jüngerer Sohn gab mir dazu eine Eselsbrücke mit auf den Weg, sie heißt: Kartoffel und Pommes. Also: Cool gucken, und dann Kartoffel (Faust), Pommes (Finger spreizen).

Rund um die Abizeit gibt es an den Berliner Schulen das Phänomen der sogenannten Mottowochen. Seitens der Schule wird für jeden Tag der Woche ein Motto festgelegt, und in entsprechendem Outfit kommen Schüler und Lehrer am jeweiligen Tag in die Schule. »Politiker« kann so ein Motto sein. Oder »Helden der Kindheit«. Aus der U-Bahn kann ich berichten, dass an diesem Tag dann sehr häufig Star-Wars-Charaktere und Superhelden anzutreffen sind. Keiner davon aber hat mich je so gerührt wie der Anblick eines etwa 1,90 Meter großen, sehr ernst dreinblickenden Abiturienten in einem Biene-Maja-Kostüm.

Neulich traf ich Amina, also Kamützen-Amina, die das Fichtenberg-Gymnasium besucht. »Und, was habt ihr gerade für ein Motto?«, wollte ich wissen.

»Heute war Asi-Tag«, erwiderte sie gelassen. »War voll cool. Die ganzen Jungs in Jogginghose mit Prollkettchen und Adiletten. Und die Mädchen alle voll billig, Lea hatte nur so Nippelaufkleber, die musste sich dann aber in Bio was anziehen. Ich bin als Opfer gegangen.«

Asi-Tag.

Ich wundere mich ein bisschen. Schließlich mussten sich

die Berliner Oberschulen vor ein paar Jahren Schwerpunkte zulegen – also: Naturwissenschaften, Sprachen oder, wie die Fichtenberg-Oberschule, Gesellschaftswissenschaften, um die Sozialkompetenz der Schüler in den Mittelpunkt zu rücken. Also ... *Asi-Tag*?!

Ich frage Amina. Ja, sagt sie, es habe deswegen auch Riesenstress gegeben. Und deshalb heiße das Ganze jetzt auch nicht mehr Asi-Tag – sondern »Mitten im Leben«.

Na, dann ...

Warum mir das gerade jetzt einfällt? Nun, ich sitze auf dem Oberdeck des 186er-Busses, und offenbar ist gerade Schulschluss in einer nahe gelegenen Schule. Aber ich fürchte, das um mich herum sind keine Mottowochen. Die sind alle echt. Also – mitten im Leben, quasi.

»Ey, Waffe, Waffe. Die spinnt doch, Mann. Ey, ich kann auch ein Geodreieck als Waffe benutzen, Alter, oder wie heißt das noch mal, das Ding, mit dem man so Kreise macht?«

Ich versuche mit aller Kraft, mich von dieser aggressiven Stimmung nicht zu sehr touchieren zu lassen. Ich war gerade so schön dabei gewesen, die Regentropfen auf dem Fenster zu beobachten und mich in meinen Februarblues reinzusteigern. Aber weghören kann so schwer sein.

Ich schließe die Augen.

Der vorherrschende Tonfall ist genau der, denke ich, den ich meinem Computer manchmal unterstelle, wenn er zu mir spricht. Wenn er Dinge sagt wie: »Speichern nicht möglich. Die gewünschte Datei kann nicht gefunden werden.« Eine ganz normale Meldung eigentlich – leider. Aber in meinem Kopf klingt das eher wie: »Ey, speichern, speichern! Was willstu?«

Offen gestanden antworte ich oft in ähnlichem Tonfall. Aber nur, wenn niemand in der Nähe ist. Gerne ploppt auch ein Fenster auf mit dem Text »Der gewünschte Anhang ist nicht verfügbar«. Und dann denke ich immer, wenn das nächste Mal einer von der Telekom anruft oder so ein Umfragemensch, der nach dem Mann fragt – dann werde ich genau das antworten: »Der gewünschte Anhang ist leider nicht verfügbar.«

Letzte Woche hat mich mein Smartphone dann gefragt, ob ich den »Modus für leichte Zugänglichkeit« aktivieren möchte, das habe ich schon ein wenig persönlich genommen. Und auf »Später erneut fragen« getippt. Hat es sich aber bis jetzt nicht getraut.

Nun sitze ich also in einer ganz analogen Schulschlussbeschallung und rolle innerlich mit den Augen. Am Tag zuvor erst bin ich mit der U2 unterwegs gewesen und hatte neben einer ganz ähnlichen Gruppe Jugendlicher gesessen. Sie waren so ins Gespräch vertieft, dass sie fast verpasst hätten auszusteigen. Am U-Bahnhof Deutsche Oper rief einer von ihnen mit'mal ganz aufgeregt: »Ey, Deutsche Opfer! Deutsche Opfer! Da müssen wir raus, Mann!«

Sie stürzten hinaus, die Türen schlossen. Die Stille war groß.

Die Busfahrt geht vorbei, und dieser Tag geht auch irgendwie.

Als ich am Abend in der Pizzeria meiner Wahl sitze und mit der freundlichen Unterstützung von Montepulciano d'Abruzzo meinen Februarblues wieder anstimme, lausche ich der italienischen Musik. Dolce Vita, denke ich. Und: Dolce Oper. Am Nebentisch bestellt eine Frau laut und deutlich eine »Portion Terracotta zum Nachtisch«, und ich verschlucke mich spontan an meinem Wein.

Großes Kino. Mitten im Leben.

Mirko

Freitagmittag, ein Tag im Mai. Hummelidylle und Grillenzirpen auf der Goebenwiese. Die Decke ist weich und kariert, es duftet nach Akazien, und das Leben ist schön. Ich lasse meine Gedanken treiben ...

Blumen ... Mai ... Glück ..., geht es mir durch den Sinn. Gestern habe ich mich beim Schreiben eines Textes vertippt und aus Versehen das Wort »Maiglückchen« erfunden, das hat mir gefallen.

In meiner Tasche habe ich alles Mögliche an Arbeit dabei: Meinen Laptop mit zig Mails, die beantwortet, diverse Bankauszüge, die sortiert, Fachbücher, die gelesen werden wollen. Die Kombination aus losen Blättern, Büchern und einer Packung Taschentücher in einem Jutebeutel ist, wie ich feststelle, hervorragend dazu geeignet, den Kopf daraufzulegen und die Augen zu schließen.

Im Internet habe ich vor ein paar Tagen eine Seite entdeckt, auf der sammeln Leute Ideen für Gottheiten, also hypothetische Namen für ausgedachte Götter, zum Beispiel:

Indischer Gott der Unsicherheit: Wasnu.

Hinduistischer Gott der Sauberkeit: Wischnur.

Ich halte es heute mit dem nordischen Gott der Prokrastination: Bald.

Wie ich so liege und lausche, dringen neben dem unbestimmten Vogelgezwitscher fröhliche Kinderstimmen an mein Ohr. Sie sind weit genug weg, um die Idylle nicht zu stören. Bis es offenbar Stress gibt und eine schrille Frauenstimme ruft: »Benimm dich, Mirko! Sonst machst du gleich einen Mittagsschlaf!«

Ich denke: Wow. Damit sollte mir mal einer drohen.

Es wäre tatsächlich die Art von Situation, in der ich geneigt wäre, einen Satz wie »Ich bin sehr böse gewesen, bestrafe mich« zu sagen.

Ich denke außerdem (und das passiert ganz von allein, ich kann nichts dafür): Alle lieben Mirko.

Und weiß schon jetzt, dass ich den Song für die nächsten Stunden nicht aus dem Kopf kriegen werde.

Ich hatte schon immer ein Talent, Liedtexte falsch zu verstehen. »Süßer, die Glocken …« ist nur ein Beispiel von vielen. Wie lange bin ich davon überzeugt gewesen, dass es sich bei Wickie um ein Mädchen handelt, heißt es doch in dem Lied zur Serie: »Hey, hey, Wickie, hey, Wickie, hey! Sie fässt das Segel an.« Dass es in Wirklichkeit »Zieh fest das Segel an« heißt, habe ich erst Jahrzehnte später herausgefunden.

Und eben auch das gute alte Lied von *Hot Chocolate* ist, wie ich inzwischen weiß, nicht nur für mich eine Einladung zum Falschverstehen gewesen. Im Original heißt es: »I believe in miracles.« Manch einer hört hier allerdings ganz andere Worte, da gibt es viele Varianten, und hat man zu der Melodie einmal den Satz »Alle lieben Mirko« gelesen, kriegt man das nie wieder aus dem Kopf.

Ich selbst habe übrigens lange voller Inbrunst und Überzeugung »I believe in mountains« gesungen. Also, noch mal zum Reinfühlen, damit Bilder vorm inneren Auge entstehen können:

»I believe in mountains

Since you came along

You sexy thing ...«

In einer zugegebenermaßen etwas unheimlichen Region meines Gehirns entstanden also jedes Mal, wenn ich den Song hörte, vage Bilder einer gut aussehenden drallen Frau im Dirndl, die durch eine Alpenlandschaft tanzte.

Die besagte Region meines Gehirns befindet sich im Übrigen ganz in der Nähe der Kammer, in der schon *Gitti & Erika* sitzen, zusammen mit Karel Gott, Flip, dem Grashüpfer, *Wum & Wendelin*, Grobi und Dieter Thomas Heck. Es ist meine ganz eigene Kammer des Schreckens.

Regionen? Kammern? Das muss ich vielleicht erklären: Gedanken und Erinnerungen in meinem Kopf sind leider nur selten nach logischen Kriterien sortiert und abgelegt. Es sieht darin so gar nicht aus wie in einem wohlgeordneten Bücherregal, leider, sondern viel mehr wie auf einer etwas unübersichtlichen Wiese mit unzähligen Maulwurfshügeln, deren Verbindung zueinander meist nicht ersichtlich, in der Regel unterirdisch und zuweilen auch gar nicht vorhanden ist.

Man ahnt ein bisschen, was gemeint ist, wenn man einem Text folgt, der mit einer Wiese anfängt und dann irgendwie bei Dieter Thomas Heck landet, und dann ist plötzlich schon die zweite Seite rum.

Was ich eigentlich sagen wollte:

In Sammlungen von *Misheard Lyrics* liegt bei genauer Betrachtung nicht nur das Potenzial, Missverständnisse auszuräumen, sondern auch Hoffnung. – Ich finde manche dieser Fehlinterpretationen viel schöner als die eigentlichen Bedeutungen. Allein das Wort »Missverständnis« ist schon sehr hart, es klingt so nach Fehler. »Alternative Fakten« wäre mir an dieser Stelle tatsächlich sympathischer. Also, so wie »Lüge« doch auch viel grausamer klingt als, sagen wir, »alternative Wahrheit«.

Ein Maiglöckchen ist doch eben *auch* ein Maiglückchen. Mal ganz zu schweigen vom Verküssmeinnicht. Fiele nicht jedem von uns eine Geschichte dazu ein?

Über all diese Gedanken bin ich wirklich müde geworden. Ich lausche, aber die schrille Stimme ist nicht mehr zu hören. Hat Mirko noch mal Glück gehabt. Oder er schläft, je nachdem.

Ich sinne ein wenig über die ganze Arbeit nach, die noch auf mich wartet. Eines der Bücher behandelt eins meiner neuen Lieblingswörter: die Inkompetenzkompensationskompetenz.

Göttin der sozialen Arbeit: Krisis, denke ich noch.

Aber dann bin ich auch schon eingeschlafen.

Taupe

(Es geht um Hipster. Man könnte also sagen, dass die Geschichte schon jetzt einen Bart hat, bevor sie angefangen hat.)

Es ist noch gar nicht so lange her, dass ich unter einem Hipster eine bestimmte Sorte Unterhosen verstand, eher solide, mit breitem Hüftrand. Nun stehe ich hier an diesem Tresen und betrachte die Szenerie.

Samstagabend. Es ist eines dieser Feste ... Aufgebrezelte junge Menschen betrinken sich gediegen mit Pale Ale. Betont entspannt steht man im Kreis, man ist quasi *so* entspannt, dass es fast schon als »relaxt« bezeichnet werden könnte. Man tut dabei sehr links, das ist wichtig, und am Ende redet man doch über Autos.

Ich kann da schon per se nicht mitreden, habe nicht mal einen Führerschein, und bei einem Auto interessiert mich die Farbe grundsätzlich mehr als die Marke. Bei einem *Tatort* wäre ich der mieseste Zeuge ever.

»Können Sie das Fahrzeug beschreiben?«

»Na ja, es war ... grau, mit einem leichten Hauch ins Bräunliche, eher taupe, ja, ich denke, taupe mit einem leichten Hauch von Sanftem Morgentau. Nicht direkt beige, eher Latte macchiato. Also Derrick, quasi.«

»Taupe?«

»Ja, taupe. Leitet sich von Lateinisch ›talpa‹ ab und entspricht der durchschnittlichen Farbe eines französischen Maulwurfs. Gerade sehr in Mode. Sollte man übrigens nicht tragen, wenn man ein Sommertyp ist.«

»Aha ... und sonst? ... Welcher Fahrzeugtyp?«

»Na ja. *Groß*? Also ... größer als mein Fahrrad bestimmt.«

Ich komme jedenfalls nicht so richtig ins Gespräch mit den Leuten. Mein Freund André hat Geburtstag, und der ist Biologe. Und Biologen unter sich ... Sagen wir es so: Ich stand eine Zeit lang bei den Rauchern auf dem Balkon, das waren alles Ornithologen, und das Gespräch lief in etwa so ab:

»Mensch, genau, ich wollte euch unbedingt noch erzählen, dass ... – Buchfink! – ... dass Amelie am letzten Wochenende echt ... – Zeisig! – ... jedenfalls, die war sich echt nicht zu schade.«

»Goldammer.«

»Was?«

»Goldammer. Nicht Zeisig, ziemlich sicher.«

»Ist Amelie nicht die, die du beim Nachtigallen-Beringen kennengelernt hast?«

»Zeisig, ganz sicher.«

Um es kurz zu machen: Ich hab das Ende der Geschichte nicht mehr mitbekommen. Das hält man nicht lange aus, nicht mal als Sozialarbeiterin. Dabei bin ich eigentlich hart im Training mit berufsbedingten Eigenheiten und habe auch selbst schon mal überlegt, ob ich die Leute an meinem Geburtstag ihre Cocktailbestellungen einfach mal tanzen lasse.

Neulich bei den Mathematikern hatte jemand Pi gebacken.

Hier und heute jedenfalls fühle ich mich wieder einmal etwas abseits. Daher klinke ich mich kurz aus und gehe in

Ruhe zur Toilette. Spätestens da ist ja eigentlich immer was los. Aber denkste.

Damen-WC. Ich bin die Dritte in der Reihe. Stille. Schweigen. Ich vertreibe mir die Zeit damit, am Tänzelschritt der Wartenden den Grad des Bedürfnisses zu analysieren. Ich langweile mich schnell und habe inzwischen viele Techniken, mit denen ich mir in Menschenmengen die Zeit vertreibe. Sehr empfehlen kann ich beispielsweise auch das Gähnen im öffentlichen Nahverkehr. Einmal richtig herzhaft gähnen – einen Moment warten – und dann zählen, wie viele man angesteckt hat. Das geht viral wie 'ne Erkältung, ehrlich. Wenn dann Berufsverkehr ist und in der U-Bahn ein Fenster zum nächsten Waggon ... Mein Rekord liegt bei 21. Aber da geht noch was!

Als ich schon eine Weile stehe und warte und gerade überlege, welcher Song zu dem Tanzschritt der Wartenden vor mir passt, geht die Tür vom Wohnzimmer auf. Eine junge Frau kommt herangestürmt, bremst abrupt und starrt mich an. »Schlange, verdammte!«, ruft sie und rennt wieder weg.

Einen Moment friert die Szene ein. Als ich begreife, dass sie wohl nicht mich persönlich gemeint haben wird, nehme ich das Atmen wieder auf. Puh.

Ich konzentriere mich also wieder auf die Tänzelschritte und denke mir im Kopf Melodien dazu aus. Unter uns gesagt: Manchmal summe ich auch gerne ein bisschen vor mich hin. Jeder, der schon mal nötig musste, weiß, wie unschön es ist, wenn man dann an fließendes Wasser oder plätschernde Fontänen denken muss. Gerne summe ich in so einer Warteschleife mal: »Es regnet, es regnet, die Erde wird nass.« Oder, etwas subtiler, *Simon & Garfunkel*: »Like a bridge over troubled water« ... Wenn ich gut drauf bin und für die, bei denen es echt pressiert, auch mal Melissa Etheridge: »Come on, let it raaaain ...!« Die Steigerung davon ist nur noch, den Wasserhahn direkt aufzudrehen und sich ausgiebig und gründlich die Hände zu waschen.

Ja, ich weiß, es ist gemein.

Ja, ich bin Sozialarbeiterin. Aber ich habe nie behauptet, dass ich 24 Stunden am Tag im Dienst bin.

Zurück bei der Partygesellschaft sehe ich an der Tür eine alte Schulfreundin, die mich freundlich grüßt und heranwinkt. Sie arbeitet ab und an als Dozentin im Institut für Biologie an der FU, das hatte ich vergessen und freue mich, sie hier zu sehen. Vom Alter her sind die Umstehenden vermutlich eher Studentinnen. Mein Blick bleibt an einer der jungen Frauen hängen. Ich käme gerade richtig zum Thema Männer, sagt sie und rollt vielsagend mit den Augen. Mir fällt ein, wie ein Freund neulich den schönen Satz prägte: »Das bisschen, das ich lese, kann ich auch selbst schreiben.« Es fällt mir ein, weil ich spontan denke: »Das bisschen, das du da anhast, kannst du auch gleich ausziehen.«

»Ach, genug jetzt«, sagt eine andere aus der Runde. Wobei »Runde« eigentlich nicht das richtige Wort ist für diese Ansammlung kachektischer Ecken und Kanten. »Du wolltest doch noch von dieser Wahnsinnsdiät erzählen!«

Na super. Ernährung ist echt der Bringer als Partythema. Doch schon sind sie beim Austauschen der wichtigsten Informationen über Low Carb, den ovolactovegetarischen Lebensstil, Vitamin-D-Mangel und Winterdepressionen. Ich komme gar nicht hinterher, was zum Teil auch daran liegt, dass ich sehr konzentriert darauf bin, so leise wie möglich meine

Dattel im Speckmantel zu kauen. Als ich gerade fragen will, ob eine gepellte Weißwurst eigentlich auch als Inside-Out durchgeht, sind sie schon beim nächsten Thema: Wellness und Beauty. Juhu.

Eine macht ein Selfie von der Gruppe und zeigt die verschiedenen Bearbeitungsmodi ihres neuen Handys.

»Guck mal, wenn du ›Porträt‹ anklickst, dann schlägt es schon von alleine vor: ›Gesicht schlanker‹, ›Gesicht weicher‹, ›Augen größer‹. Total cool, mache ich jetzt immer!«

Ich beginne zu ahnen, warum meine Nachbarin auf ihren Profilbildern neuerdings immer ein wenig aussieht wie Gollum auf Droge.

Ich blicke auf *mein* Handy. Es ist schon etwas älter. Ich hab die Filter »Pop«, »Retro« und »Gewöhnlich«. Das lass ich jetzt einfach mal so stehen.

Ich verabschiede mich. Ich freue mich auf den Nachhauseweg, auf mein Fahrrad, auf den kühlen Wind und ein tiefes Einatmen in der unprätentiösen Nacht.

Auf dem Weg zum Ausgang höre ich, dass die Männerrunde immer noch über Autos redet. »Tschüss!«, sage ich im Vorbeigehen. Ich denke: Gute Nacht, Freunde, es ist Zeit für mich zu gehen. Wenn ich einen großen Wagen sehen will, geh ich nachts raus und guck nach oben.

März (oder: Alle Jahre Widder)

Ende März. Die Sonnenstrahlen wärmen ganz vorsichtig, Blausternchen vermelden stolz den Sieg über den Bodenfrost, und das Grün an den Bäumen ist so zart, dass man es ständig in den Arm nehmen möchte. Endlich, endlich zieht der Frühling ins Land. Ich liebe diese Jahreszeit wie keine andere.

Als Kind mochte ich sie, weil ich im März Geburtstag habe. Inzwischen mag ich sie, *obwohl* ich im März Geburtstag habe.

Mein Sternzeichen ist der Widder. Das ist dieses Vieh mit den gedrehten Hörnern. Ich bin sozusagen die Prinzessin Leia unter den Huftieren. Und ja, auch nach längerem Nachdenken kann ich mich mit diesem Vergleich verstörend gut identifizieren.

Dieses ganze Sternzeichengedöns ist mir ja relativ schnuppe.

Wobei ich zugeben muss, dass ich die dem Widder zugeschriebene immense Sturheit durchaus mein Eigen nennen muss.

Mit dem Kopf durch die Wand, darin bin ich groß:

Die Eier sind alle? Back ich den Kuchen halt ohne.

Der Handwerker hat abgesagt? Dann mach ich's halt selbst.

Auch beim Aufbau von IKEA-Möbeln gab es da schon so Vorkommnisse: Boden (A) steht in der Länge zehn Zentimeter über, wenn man ihn an Seitenteil (D) hält? Ach, Quatsch Umtausch; gib ma' die Säge.

Widder sein ist manchmal teuer.

Alle Jahre wieder jährt sich im März also der Tag meiner Geburt.

Und alle Jahre wieder ist mein Geburtstag eine Herausforderung – nicht nur für mich, sondern auch für die Menschen in meinem Umfeld. Nie will ich feiern, und nie will ich was geschenkt bekommen (»Nee, wirklich nicht, ich hab doch alles, nicht wichtig, lass mal, ein Tag wie jeder andere«), bin dann aber doch latent nörgelig, wenn sich alle wirklich daran halten.

Darauf bin ich nicht stolz. Aber ich muss zugeben: Kleine Gesten finde ich letztlich doch nett. Und bei Gesten, da nehm ich wirklich alles, was kommt, da bin ich nicht kleinlich, da bin ich anspruchslos wie eine Primel und freu mich einfach.

Gemalte Gutscheine für Selbstverständlichkeiten waren bei meinen Kindern zum Beispiel immer hoch im Kurs:

»1 x Müll runterbringen«,

»1 x Geschirrspüler ausräumen«

Das war ganz schön pfiffig, weil das genau die Aufgaben sind, die sie eh erledigen müssen. Aber hey, man muss dann auch einfach mal die Pfiffigkeit der eigenen Kinder als Geschenk ansehen. Und dann sage ich mir: Sie haben was gemalt. Und so richtig nachgedacht ... – Okay, sagen wir: Sie haben was gemalt.

Wenn man wie ich mit Mann und zwei Söhnen in einem Haushalt lebt, wird man, was Geschenke und Gesten angeht, auf Dauer bescheiden.

Als besagter Mann mal vom Einkaufen nach Hause kam und einen Basilikumtopf neben die Tomaten stellte, sagte der

Kleine: »Oh, hast du Mama wieder Blumen mitgebracht?«

Und ja, ich klatsche inzwischen selbst für Basilikum Beifall! Gibt es schon Aufkleber oder T-Shirts mit dem Spruch? So wie bei Autos »Ich bremse auch für Tiere«? »Ich klatsche auch für Basilikum«? – Ich würde zugreifen.

Meine Freundin Tanja hat ihren Kindern kurz vor ihrem Geburtstag ganz vorsichtig zu verstehen gegeben, dass auch Mütter sich freuen, wenn sie mal was auspacken dürfen. Ihr Sohn hat daraufhin ihre Hausschuhe in Geschenkpapier eingewickelt.

Darauf muss man erst mal kommen!

Während sie das erzählt, trägt sie dieses leicht irre Lächeln im Gesicht, das ich auch von meinem Spiegel kenne.

Gerne hätte ich etwas Tröstliches gesagt: »Mensch, hast du ein kreatives Kind« zum Beispiel.

Gerne hätte ich auch noch gewusst, ob sie »Danke« gesagt hat.

Letztlich habe ich gar nichts gesagt und den Schnaps und die Schokolade aus dem Schrank geholt.

Sich einen auf die Lampe gießen ist schließlich auch so ein bisschen wie Kerzen auspusten.

Wiedersehen

Ein Tag im Juni, Feierabendeinkauf im Supermarkt. Eigentlich brauche ich nicht wirklich was, der Kühlschrank ist voll, aber seit Tagen liegen die Temperaturen bei über dreißig Grad, und bei Lidl ist es immer so schön kühl.

Ich spaziere also durch die Gänge und studiere die Sonderangebote. Besonders schön finde ich, dass es Großpackungen Windeln im Sonderangebot gibt. Laut Aufkleber am Regal handelt es sich um ein »Auslaufmodell«. Werbetechnisch war da jemand nicht die hellste Kerze auf dem Kuchen.

Als ich vor dem Obstregal stehe, bemerke ich, wie mich jemand lange und schweigend von der Seite mustert. Durch einen beachtlichen Schwarm von Fruchtfliegen hindurch höre ich dann ein zögerliches »Susanne?«.

Es ist diese Art von Betonung, bei der ein »Ich bin mir nicht sicher, ob du es bist«, aber auch ein »Und wenn du es bist, boah, bist du *alt* geworden« mitschwingen.

Ich blicke auf und begegne dem fragenden Blick, der aus einem recht verlebten, mit rot getönten Haarflusen umgebenen Gesicht kommt.

»Vera!«

Ich bin selbst erstaunt, dass mir der Name so prompt einfällt. Immerhin haben wir uns seit der Grundschule nicht mehr gesehen.

Boah, ist die *alt* geworden, denke ich und versuche, in

meinem Gesicht gegenzusteuern, damit man mir das bloß nicht ansieht. Das ist ja die Krux. Wart ihr mal bei einem Klassentreffen? Da denkt man auch immer: Was wollen denn die ganzen alten Säcke hier? Und dann rauscht es leise im Bewusstsein, dass das ja der eigene Jahrgang ist.

Mein Bruder sagte neulich, wenn er jemanden von früher treffe, der ihn fröhlich mit »Dich kenne ich doch!« anspricht, tue er entweder so, als ob er kein Deutsch versteht, oder er sagt Dinge wie: »Echt jetze? Hilf mir ma' eben, Alter: Knast oder Entzug?« Er ist schon ein Sonnenscheinchen. Menschen waren noch nie so sein Ding.

Ich hingegen stelle mich dem Wiedersehen, und so folgt, was immer folgt: Was machst du heute? Wo wohnst du heute? Job, Hund, Katze, Kinder, ach was!

Vera ist in Plauderlaune. Gerade setzt sie zu einer neuen Zeitschleife an, und nachdem wir uns im Schneckentempo zum Kühlregal vorgearbeitet haben, bin ich über ihre Karriere, Lieblingsrezepte, Therapieerfahrung, Nahrungsmittelunverträglichkeiten, finanziellen Status, familiären Status, Impfstatus, Körbchengröße und Dioptrien im Bilde. Und sie ist noch lange nicht fertig. Eine weitere Viertelstunde später greife ich, ohne hinzusehen, etwas aus der Tiefkühltruhe und rufe: »Tja, ich muss dann mal los, sonst taut's!«

Immerhin wünscht sie mir zum Abschied noch alles Gute für meine Schriftstellerkarriere. Um genau zu sein, legt sie mir kollegial eine Hand auf die Schulter und sagt: »Ich weiß, es ist nicht einfach. Ich versuche *auch* gerade, meinen Hund als Influencer aufzubauen.«

Na dann.

Als ich durch die Kasse durch bin, winke ich Vera, die weiter hinten in der Schlange steht, noch mal zu, dann bin ich weg. Bei der Apotheke an der Straßenecke werden Sonderangebote angepriesen. Mir fallen die Windeln wieder ein. Ich frage mich, ob es hier Zäpfchen zum Einführpreis gibt.

Auf der Straße treffe ich meinen Sohn der gerade aus der Schule kommt.

»Na?«, fragt er. »Wie war dein Tag?«

Das macht er in letzter Zeit öfter, damit ich nicht zuerst frage und *er* reden muss. Sein Blick wandert zu meiner Korbtasche. »Tiefkühlgrünkohl?«, fragt er stirnrunzelnd.

Ich seufze: »Lange Geschichte.«

Ich drehe mich noch mal um und sehe Vera, die gerade ihr Fahrrad die Auffahrt hochschiebt. »Guck mal!«, bedeute ich meinem Sohn. »Die Frau da, die kenne ich aus der Grundschule. Die ist genauso alt wie ich! Krass, oder?«

»Stimmt«, sagt er beeindruckt. »Sieht man ihr echt nicht an.«

Schweigend laufen wir nach Hause.

Vielleicht kaufe ich mir demnächst auch einen Hund.

Musikalische Begleitung

Mein Alltag ist eigentlich permanent begleitet von Melodien, die mir durch den Kopf spuken.

Als Weckton stelle ich mir bei meinem Smartphone inzwischen täglich einen anderen Song ein, weil ich die Standardtöne so gut kenne, dass weiterschlafen kein Problem darstellt. Heute früh gab's *Depeche Mode*, »A Question of Time«, das erschien mir irgendwie passend für einen Wecker.

Die übrige Musik des Tages findet dann – bis auf ein bisschen Radio zwischendurch – in meinem Kopf statt:

Mit dem ersten Blick in den Badezimmerspiegel geht es schon los. An guten Tagen summe ich zum Takt der Zahnbürste »Guten Morgen, Sonnenschein« oder ein fröhliches »Morning has broken« vor mich hin. An den realistischen Tagen sind es allerdings eher Zeilen wie: »Wo fing das an? Was ist passiert? Was hat dich bloß so ruiniert?« Oder auch immer wieder gerne »The Passenger«.

Dass das erste Gesicht, das mir einfällt, wenn ich morgens in den Spiegel gucke, Iggy Pops ist, lässt wahrscheinlich schon tief blicken. Auch sonst bildet dieser Song ganz gut den intellektuellen Anspruch meiner Gedanken um 6:45 Uhr ab: »Lalalalalalalalala«.

Das letzte Mal hab ich den Song übrigens gehört, als ich die Hotline der Deutschen Bahn anrief, die hat den Song tatsächlich als Warteschleifenmusik geschaltet. Man stelle sich vor: Man sitzt zwischen Eckernförde und Süderbrarup fest, es ist Schienenersatzverkehr, die Bahn-App weiß nichts davon, und man hat keinen Plan. Kein Zug, kein Bus, kein Mensch, man sitzt auf dem Koffer im Nirgendwo, und aus dem Telefon hört man zum vierten Mal ein fröhliches »I am a passenger and I ride and I ride« ... – Da möchte man doch nur noch weinen. Oder wirr kichern, das liegt ja oft dicht beieinander.

Wenn ich morgens durch bin im Bad, geht's zum Anziehen: »Und wie du wieder aussiehst, Löcher in der Hose und ständig dieser Lärm«, direkt gefolgt von »Ich möcht der Knopf an deiner Bluse sein«.

Als hitparadengeschädigtes Kind der Siebzigerjahre habe ich mir damals beim Anziehen meiner orange-grün geblümten Polyesterbluse manchmal vorgestellt, ich würde statt eines Knopfes plötzlich Bata Illic zwischen den Fingern haben, das war ganz schön gruselig! Aber vielleicht kamen die Albträume auch von den Mustern auf den Tapeten. (Vielleicht habe ich deshalb später so wenig mit psychedelischen Drogen experimentiert: Ich hatte das einfach alles schon in echt gesehen.)

Manchmal ist es mir selber peinlich, wie viel Speicherplatz in meinem Gehirn von weitgehend sinnfreien Liedtexten verklebt ist. Aber ich kann nichts dafür, das passiert von ganz alleine, und das war schon immer so. Da, wo andere Leute zwanghaft Schimpfworte vor sich hin brabbeln müssen, summen in meinem Kopf Lieder. Es ist so eine Art intrazerebrales Schlagertourette, wahrscheinlich bin ich deshalb immer so müde.

Wenn ich angezogen bin und mir noch ein Brot geschmiert habe (»Himbeereis zum Frühstück«), ziehe ich mir (»These Boots are Made for Walking«) meine Schuhe an und eile aus der Haustür. »Und überall liegt Scheiße, man muss eigentlich schweben. Guten Morgen, Berlin.«

Besonders schlimm wird es, wenn Songs betroffen sind, die ich richtig gerne habe. »Fields Of Gold« von Sting gehört für mich seit Jahrzehnten zu meinen Lieblingsliedern, ich denke, es rangiert sogar unter meinen persönlichen Top 3 für einen gelungenen depressiven Herbstabend. In der ganzen Stadt hängen Plakate für die Europawahl, seither komme ich über die erste Strophe gar nicht mehr hinaus: »You'll remember me when the westwind moves upon the fields of ...« – genau! – »Barley«. Und dazu dieses Gesicht. »What have they done to my song, Ma«, kann man sich da fragen.

So geht das in meinem Kopf tagein, tagaus.

Ich kann nicht am Kanzleramt vorbeifahren, ohne ganz leise »Angie« anzustimmen.

Immer habe ich »Es fährt ein Zug nach Nirgendwo« auf den zusammengepressten Lippen, wenn die S3 Richtung Spandau einfährt.

Und seit mein Freund Thorben nach seiner Scheidung den Hund behalten musste, ist er für mich nur noch »Der Junge mit dem Hund von Monika«.

Kurz vor Ladenschluss bei Penny an der Kasse. Amüsiert summe ich ein Lied vor mich hin.

Ich beobachte, wie der Mann vor mir mit wuchtigen Gesten seine Einkäufe auf das Band legt. Denn, ugh, er hat Grillfleisch gejagt, Maxipack, extrabillig, und Jalapaeños, ex-

trascharf. Bei jeder Dose Red Bull und jeder einzelnen Bier-
flasche spannt sich sein Bizeps unter der gebräunten Haut.
Auf seinem T-Shirt steht »Harter Hund«. Auf seinen Unterarm ist in gotischen Lettern der Schriftzug »Berlin« tätowiert.

Ganz zum Schluss bettet er dann noch sehr leise eine Packung Toilettenpapier der Marke »Happy End« aufs Band.
Ultrasoft und extraflauschig. Vierlagig.

Ich muss in mich hineingrinsen.

Wie heißt es gleich? Harte Schale, weicher ... bäh, oh Gott,
keine Details bitte, Kopfkino! Das Wort »Shitstorm« kommt
mir in den Sinn. Und warum fallen mir genau jetzt die Fotos
vom schwarzen Loch wieder ein? Mein Blick fällt auf die Ja-
lapeños, zu spät; in meinem Kopf singt Johnny Cash längst
»Burning Ring of Fire«.

Und das werde ich so schnell nicht wieder aus dem Kopf
kriegen ...

Say my name, say my name

Mit Namen ist das so eine Sache. Jeder Mensch heißt ja irgendwie, man kommt nicht drum herum.

Zu Schulzeiten war ich immer nur eine von zwei bis drei Susannen in der Klasse. Entweder wurden wir durchnummeriert, Susanne 1, 2, 3, oder wir arbeiteten zur Unterscheidung mit Spitznamen: Susi, Suxi, Sanni. Meine Teenagerzeit war begleitet von vielen i. Otto Waalkes und seine Susi Sorglos waren in dieser Zeit sehr populär, und die nervige Frage nach ihrem Föhn klebte an den Susannen dieser Zeit wie Hubba Bubba am Schuh.

Doch ja, ich räume ein, andere Leute hatten da ganz andere Probleme.

Ein Schulfreund von mir hieß Heino. Als Großstadtjugendlicher der frühen Neunzigerjahre war man mit diesem Namen einigermaßen – na ja, »gestraft« ist noch untertrieben.

Eines Tages also verkündete Heino, er wolle fortan nur noch »Hein« genannt werden. Was dazu führte, dass er nicht etwa einfach »Hein« genannt wurde, sondern »Hein(-!)«, weil sich alle dermaßen konzentrieren mussten, das furchtbare »o« wegzulassen, dass die Lücke nun umso lauter hallte.

Ich glaube, irgendwann hat ihn deshalb gar keiner mehr angesprochen, und nach dem Abi hat er die Stadt dann auch sehr bald verlassen ...

Wieso ich darauf komme?

Ich mache mir derzeit viele Gedanken über Namen, denn seit ich auf Lesebühnen unterwegs bin, stellt sich für mich immer mal wieder die Frage, ob ich nicht vielleicht einen Künstlernamen brauche.

Zum einen, weil »Susanne Riedel«, jetzt mal ganz objektiv betrachtet, wirklich nicht der Knaller ist. Immer wenn ich ihn irgendwo angebe, kommt die Nachfrage nach der Schreibweise. Und dazu oft eine weitere Frage, zuletzt gestern beim Optiker: »Riedel? Wie die Reederei Riedel? Sind Sie mit denen verwandt?«

»Nein, leider nicht«, sage ich dann immer.

»Wem sagen Sie das?«, seufzte da der Optiker sehr tief, und während er schrieb, wanderte mein Blick zu seinem Namensschild: »Michael Benz«. Der Mann wusste, wovon ich sprach.

Aber das Hauptproblem mit dem Namen ist ein anderes, nämlich: dass es ihn schon gibt. Vor rund zwanzig Jahren trat schon mal eine Romanautorin namens Susanne Riedel in Erscheinung, ich habe selbst ein Buch von ihr im Schrank.

Das führt immer mal wieder zu Verwirrung. Ich war einmal zum Lesen bei Lea Streisand eingeladen. Sie hatte vor der Show meinen Namen gegoogelt und wollte mich gerade ansagen mit »Man sieht ihr die sechzig wirklich nicht an« ... – Ich konnte das gerade noch abwenden ...

Ein anderer Name also wäre hilfreich.

Aber woher nehmen? Ich tue mich schwer mit Erfundenem. Wo Susanne Riedel drin ist, sollte auch Susanne Riedel draufstehen, ist mein Gefühl.

Nun dachte ich: Vielleicht füge ich einfach einen Buchstaben ein. Ein Initial des zweiten Vornamens, so wie bei John F. Kennedy, Theodor W. Adorno, James T. Kirk.

Mein zweiter Vorname ist Manuela.

Susanne M. Riedel.

Na, ganz toll! Wenn ich auf der Bühne so angekündigt werde, klingt das doch immer so, als hätte der Moderator meinen Nachnamen vergessen und müsste noch mal kurz überlegen: »Susanne, ähm, Riedel.« Das ist irgendwie kontraproduktiv. Karel Gott ist ja auch nicht als »Karel O. Gott« aufgetreten.

Ach, würde doch meine Tante Erna noch leben! Sie wüsste Rat. Sie hatte nie Schwierigkeiten, Namen zu ändern. Mit dem eigenen kam sie klar, aber hieß irgendjemand so, wie ihr es nicht gefiel, erfand sie kurzerhand einen anderen Namen, mit dem sie mehr anfangen konnte. Ich erinnere mich, wie ich ihr damals meinen Freund Alex vorstellte. Den Namen Alex kannte sie nicht. Sie hat ihn dann fortan Aldi genannt. Aldi kannte sie. Da kaufte sie immer ihren Sauerkrautsaft.

Ich habe heute noch Ansichtskarten von Tante Erna, die unterschrieben sind mit »und schöne Grüße auch an Aldi«. Auf einer der Ansichtskarten steht auch der großartige Satz »Vegetarisch ist Amrum viel schöner als Föhr«, aber das ist ein anderes Thema.

Die Frage, wie ich künftig angekündigt werde, ist also weiterhin offen. Es wird sich finden.

Gerade kommt auf Twitter eine Nachricht rein von einer Kollegin. Es geht um ein Spiel. Man soll seinen eigenen Pornonamen kreieren, indem man 1. den Namen seines ersten Haustieres und 2. den Namen der Straße, in der man aufgewachsen ist, kombiniert. Da kommen teils sehr schöne Sachen raus: Caramella Eindhoven. Hasso Wilmersdorfer. Und bei mir?

Muschi Hindenburg.

Na super.

Andererseits – einprägsam, müsste man nicht jedes Mal buchstabieren …

Ich denke vielleicht mal drüber nach.

Last Christmas?

21. Dezember, eine fahle Sonne schickt sich an unterzugehen. »Kann man Vitamin D eigentlich rauchen?«, murmele ich vor mich hin.

»Bestimmt«, sagt mein Sohn im Vorbeigehen. »Bon gefällig?«

Er spielt auf unser gestriges Gespräch an, da war es um die Schlagzeile »Bon-Pflicht jetzt auch beim Bäcker« gegangen, er hatte da wohl ganz seltsame Bilder im Kopf, bis ich ihm erklärt hatte, dass mit »Bon« hier ein Kassenzettel gemeint ist. So ändern sich die Themen.

Egal, der kürzeste Tag des Jahres ist gleich gewuppt, nur noch die Feiertage überstehen, dann kann es langsam wieder aufwärts gehen.

Feiertage – da war doch was? Mein Unterbewusstsein sendet einen fiesen Alarmton. Stimmt, das war ja heute! Ich habe völlig die Zeit vergessen, nun muss ich mich wirklich sputen:

Im Pflegeheim meines Vaters ist heute Weihnachtsfeier. Die Angehörigen der Bewohnerinnen und Bewohner sind mit eingeladen. Ich bin heute das »+1« auf der Liste.

Ich ziehe mich in Windeseile um, nehme die Beine in die Hand und schaffe es gerade noch rechtzeitig, mein Vater winkt mir schon von Weitem zu. Neben ihm ist noch ein

Platz für mich frei, wir sitzen mit vier Bewohnerinnen aus seiner Etage zusammen am Tisch im großen Festsaal. Ich will mich vorstellen, komme aber nicht so recht gegen die lautstarke Unterhaltung an. Alle hören sehr schlecht, reden sehr laut, und die Hälfte ist dement, die Dialoge sind entsprechend unterhaltsam:

»Mir hat man ja heute die Schuhe geklaut!«

»Was hat er gesagt?«

»Die Schuhe! Geklaut!«

»Ja, viel zu laut.«

»Aber du hast doch gesagt, die Schuhe sind wieder da!«

»Wer ist da?«

Und so weiter.

Zur Einstimmung läuft heitere Weihnachtsmusik vom Band, gerade erklingen die ersten Takte von »Last Christmas«. Ich schaue mich um im Raum, das Durchschnittsalter liegt schätzungsweise bei 87. Ja, das mit dem »Last Christmas« könnte für einige durchaus hinhauen.

Zur Eröffnung der Veranstaltung wird die Musik ausgemacht, Schwester Heidrun greift das Mikrofon und begrüßt alle Anwesenden. Sie spricht dabei extrem langsam und betont jedes einzelne Wort. »Liebe ... Bewohner, ... ich ... begrüße ... Sie ... zu ... unserer ...« – 16:03 Uhr, in mir steigen erste Gähner auf – »diesjährigen ...«

»Die redet ja mit uns wie mit Behinderten!«, ruft eine ältere Frau im Rollstuhl. Ich muss losprusten, tue dann aber schnell so, als hätte ich mich verschluckt, und gebe ihr nur in Gedanken ein High Five.

» ... Weihnachtsfeier«, sagt Schwester Heidrun. 16:05 Uhr.

Nach der Begrüßung kommt ein Liedermacher auf die Bühne. Den kenne ich schon von anderen Veranstaltungen.

Heute werden natürlich Weihnachtslieder gesungen.

Vor den Fenstern sieht man den rosa-blauen Abendhimmel, Meisen zwitschern, es ist sehr mild. Wir singen »Leise rieselt der Schnee«. Zehn nach vier, und ich bin offiziell deprimiert.

Wir hangeln uns weiter durch die ganze Palette deutscher Weihnachtslieder, dann gibt es Kaffee und Kuchen.

Der Kaffee ist koffeinfrei, der Kuchen Diätkuchen. Mein Vater plündert den bunten Teller, ich bringe den Strohstern in Sicherheit.

Es ist sehr still. Ich versuche, ein Gespräch über Mandarinen und den Duft von Weihnachten in Gang zu bringen.

»Was hat sie gesagt?«

»Mandarinen! Dass die so gut riechen!«

Beide zucken ratlos die Schultern.

»Wie war es denn in Ihrer Kindheit, wenn Sie Weihnachten gefeiert haben?«, nehme ich noch einen Anlauf.

»Kindheit? So was hatten wir nicht.«

Ich bin froh, als der Liedermacher wieder ans Mikro tritt, so weit ist es jetzt schon. Doch singt er gar nicht: Um die Stimmung etwas aufzulockern, hat er von Schwester Heidrun ein paar Quizfragen in die Hand gedrückt bekommen, die er nun vorliest.

Was politische Korrektheit angeht, sind wir schlagartig auf dem Stand von circa 1957 angekommen. Zuerst werden Süßwaren geraten:

»Körperteil von dem, der seine Schuldigkeit getan hat?« – »Mohrenkopf.«

Dann geht es um Märchen:

»Dürres Holz täuscht entmenschte Rentnerin?« – »Hänsel und Gretel.«

»Besitzgier einer emanzipierten Frau zerstört zwei Menschenleben?« – »Der Fischer und seine Frau.«

Ich glaube, unter »Frauenbewegung« wird hier noch »Polonaise« verstanden.

Munter wird mitgeraten, dann Gott sei Dank wieder gesungen.

Frau Kawulke wünscht sich nun »Süßer die Glocken«. »Ihr Kinderlein kommet« war ihr zu modern, sie sei mehr so die Romantikerin, sagt sie, und wirft meinem Vater einen glühenden Blick zu. Der prostet ihr mit dem Glühwein zu, der gerade verteilt wurde, sich aber schnell als kalte Himbeerbrause mit Mandarinenstückchen herausstellt.

Der Musiker spielt jetzt »Es gibt kein Bier auf Hawaii« und hat auch langsam einen irren Glanz in den Augen. Und bei »Trink, trink, Brüderlein, trink« werde ich rechts und links zum Schunkeln eingehakt. In mir drin ruft es leise Hilfe.

Ich betrachte die Szene für einen Moment von oben, dann lasse ich meine Widerstände fahren und höre mich kurz darauf zusammen mit einem Haufen Hochbetagter »Du kannst nicht immer 17 sein« singen. Der Saal tobt.

Sie hatten vielleicht keine Kindheit, aber das Alter wissen sie zu nehmen. Die Ehrenamtlichen schenken Brause nach.

»Das richtige Zeug gehen wir nachher wieder bei ihr aufm Zimmer trinken«, raunt mein Vater mir zu und deutet auf Frau Kawulke.

Als das Abschiedslied erklingt, bin ich mit dem ganzen Tisch per du. »Per du« und »perdu« liegen ja manchmal auch nah beieinander. Dann ist die Veranstaltung vorbei.

Mein Vater und die Frauen der Tafelrunde verabschieden sich mit einem kurzen Klopfen auf den Holztisch, dann sind sie mit Rolli, Scooter und Rollator im Fahrstuhl Richtung Wohnbereich 7 verschwunden. »Papa was a Rolling Stone«, kommt mir in den Sinn.

Brausetrunken laufe ich durch den kühlen Abend nach Hause. Gestern hatte mich eine Freundin gefragt, was ich Silvester mache. Vielleicht frage ich meinen Vater mal, ob er schon was vorhat.

Zwischen den Jahren

Die Gans ist rum,
der Drops gelutscht,
am Zweig welkt das Lametta.
Die Kerze rußt, der Regen fällt,
für Schnee war nich' das Wetter.

Es pladdert auf Berlin
seit Tagen;
auch nieselt's im Gemüte.
Es ist die Zeit
für Winterdepressionen erster Güte.

Die Nacht ist rauh,
der Mond halb voll,
Geschenkpapier zerknüllt
und, oh sternhagelstille Nacht!,
mein Glas stets halb gefüllt.

Die Gans ist rum,
der Drops gelutscht,
das Jahr ist bimssteinalt.
Ich wär' so weit, kann weitergeh'n.
Ich stell den Sekt ma' kalt.

Stimmen hören
für Fortgeschrittene

Ich weiß nicht genau, welcher der seltsamste Moment des Silvesterabends war.

Als mein jüngerer Sohn den Achtzigerjahre-Songs lauschte und ausrief: »Kenn ich! Cindy Lokus, oder?« Oder als wir später am Abend mit unseren Freunden zaghaft tanzten und Ninas Fitness-App piepte, dass sie jetzt genug Schritte gemacht hätte? Oder war es, als Lars kurz nach Mitternacht seinen Feinstaubmundschutz kurz abnahm, um eine Zigarette zu rauchen?

In jedem Fall war es ein seltsamer Abend.

Es ist überhaupt eine seltsame Zeit im Moment, nicht wahr? Silvester wurde mir das wieder sehr deutlich.

Schon im Vorfeld hatten wir viel über Feuerwerk und Feinstaub diskutiert.

Der Mann hatte dann letztlich die Idee, ein wiederverwendbares Ökofeuerwerk zu installieren – eine Lampe mit feinen Laserstrahlen in Rot und Grün sollte auf dem Balkon befestigt werden und dann eine Art Lightshow in den aufsteigenden Qualm der Stadt malen. »Quasi bio«, sagte er. »Und Ökostrom haben wir auch!«

Ich fand die Idee gleichermaßen bekloppt wie genial.

Überhaupt habe ich oft zwei Stimmen in mir, nennen wir sie Greta und Gossi.

Greta sitzt quasi permanent auf meiner linken Schulter.

Es ist meine innere Stimme der Vernunft und der Kritik, die Stimme des Klimas und der Konsequenz, der Konsumkritik und des gelebten Wandels.

Mit meiner inneren Greta zusammen habe ich im vergangenen Jahr manche Fridays-for-Future-Demo besucht. Wir haben Bienenwachstücher als Ersatz für Plastikfolie angeschafft, den Weihnachtsbaum im Wald gelassen, essen nur noch selten Fleisch und benutzen Aleppo-Seife zum Haarewaschen.

Alles fein so weit. Wenn da nicht Gossi wäre!

Gossi sitzt auf der anderen Seite. Nicht so permanent wie Greta, aber ab und zu taucht sie unvermittelt auf. Gossi ist laut und lustig und ein bisschen auf Krawall gebürstet, Gossi will Spaß. Sie dreht »Dickes B« laut oder »Black Betty« oder Henning Wehland: »Der Letzte an der Bar«. Sie freut sich 'nen Ast, wenn sie am Silvesterabend auf den Balkon geht und den vertrauten Schwefelgeruch einatmet, dann will sie einfach nur raus und irgendwas anzünden und Sekt aus der Flasche trinken, und bei der Mitternachtssuppe ruft sie laut: »Ey, Chili con Carne mit Sojahack, habt ihr 'nen Rad ab oder wat?« Und dann geht sie für alle Döner holen, Greta guckt dann immer sehr pikiert.

So in etwa geht es mir ganz oft. Das ist auf die Dauer ziemlich anstrengend.

Außerdem kriegen Greta und ich bei unseren Bemühungen auch ziemlich oft eins reingewürgt von der Welt da draußen.

Neulich sollte ich für eine Feier einen Nachtisch mitbringen fürs Büfett, »Schneegestöber« habe ich gemacht, das ist Sah-

nejoghurt mit Himbeeren und Baiser, sehr lecker. Ich hab die
große Schale mit einem Wachstuch abgedeckt und fand mich
schon ziemlich großartig. Bis ich den Schlamassel auf der
Party auspackte. Die ganze Tasche war voll mit dem klebrigen
Gemisch, beim Herausheben tropfte ein Teil von der schmad-
derigen Schüssel auf die Dielen, und der Tisch, auf dem ich
das Wachstuch nur ganz kurz abgelegt hatte, um die Spüle
freizuräumen, zeigte himbeerrote Verfärbungen.

Wenn ich all das Wasser und die Putzmittel, die es brauchte,
um das wieder in Ordnung zu bringen, mal überschlage – ein
Stück Plastikfolie wäre meiner Ökobilanz vermutlich zuträg-
licher gewesen. Ist das nicht ein unglaublich frustrierender
Gedanke?

Derlei Diskrepanzen fallen mir immer wieder mal auf.
Beim Pflanzenmarkt im Botanischen Garten im letzten Sommer zum Beispiel. Es gab feinstes Bioessen an den Buden.
Aber mit dem kompostierbaren Bambusbesteck und den ess-
baren Tellern kamen die Leute nicht klar und kleckerten so
viel, dass es schon an Verschwendung grenzte und sie außerdem stapelweise Servietten zum Putzen und Aufwischen
nachholen mussten. Kann nicht im Sinne des Erfinders sein,
n'est-ce pas?

Greta und ich haben natürlich auch dem Trinkhalm ab-
geschworen. Dem Plastikhalm, um genau zu sein. Wir sind
sehr stolz, unsere Drinks zu Hause jetzt immer mit einer
Maccheroni zu servieren, das funktioniert super, ich kann das
sehr empfehlen.

In einer Cocktailbar neulich hatte ich den Trinkhalm auch
bewusst abbestellt. Die Bedienung hatte es vergessen, es fiel
ihr wieder ein, als sie den Cocktail mitsamt dickem Plastik-
strohhalm vor mich hinstellte. Kurzerhand nahm sie das

Ding raus, sagte »Bitte schön!« und warf ihn im Vorbeigehen in den nächsten Mülleimer.

In Situationen wie diesen guckt Greta dann sehr traurig und lässt die Schultern hängen, ihre und meine. Gossi schüttelt derweil nur den Kopf und schlägt sich augenrollend die Hand vor die Stirn.

Diese Themen, diese Stimmen und die Frage nach dem Richtigen – sie werden mich sicher auch in den Zwanzigerjahren beschäftigen. Und zwei Erkenntnisse werden mich dabei begleiten:

Erstens: Es ist nicht immer leicht, das Richtige zu tun. Und zweitens: Es ist nicht richtig, immer das Leichte zu tun.

Deine Mudda

Generationenkonflikte sind so alt wie die Menschheit. Der Irrglaube, dass das mit den eigenen Kindern mal gaaanz anders laufen wird, weil man selbst als Eltern viel cooler ist als die eigenen Eltern, vermutlich auch.

Ich habe Teenager zu Hause. Sie sind klein genug, um ihre Socken nicht zu finden, aber groß genug, um mit vollem Ernst Sätze zu sagen, die mit »Ich erinnere mich, als ich noch jung war ...« beginnen.

Sie sind herzallerliebst, wirklich. Tolle Jungs, echte Charakterköpfe.

Aber es sind eben auch Berliner Kinder: Die Witze, die sie mit nach Hause bringen, sind, sagen wir, nicht immer von hohem Niveau geprägt.

Besonders anstrengend finde ich diese nicht totzukriegenden »Deine Mudda«-Witze, die sie sich völlig ungeniert in meiner Gegenwart erzählen. Wenn ich aus dem Off ständig Sätze höre wie »Die Dönerbude hat angerufen, deine Mutter dreht sich nicht mehr« oder auch »Deine Mudda is' so fett, die piept, wenn sie rückwärts läuft«, dann ist der Grat zwischen ignorieren und explodieren sehr schmal, auch wenn ich natürlich weiß, dass sie mich gar nicht meinen.

Sie sind einfach im besten Alter, um über Flachwitze zu lachen, ich erinnere mich ja selbst allzu gut daran. Bei uns waren es damals diese völlig sinnfreien Antiwitze. Oder diese Reime, mit »Rainer« und »kleiner« und »Haus« und »Klaus« und so. Und mein Schulfreund André und ich sind damals aus dem Kino rausgeflogen, weil wir bei *Ritter der Kokosnuss* nach der Szene mit der Schwalbe nicht mehr aufhören konnten zu lachen.

Wenn ich ehrlich bin, fällt es mir auch heute manchmal ganz schön schwer, mir in pädagogisch wertvoller Haltung das Lachen zu verkneifen.

»Warum kann Miss Piggy nicht bis 70 zählen? – Weil sie bei 69 'nen Frosch im Hals hat.«

Ich finde zwar, meine Kinder sollten das gar nicht verstehen ... aber was soll ich machen?

Ihr wart mal so klein und so niedlich, denke ich dann seufzend in mich hinein, und heute führen wir Dialoge wie diese:

I.
Abends. Ich bin total erledigt und gehe schon vor den Jungs ins Bett.

Ich: »Na du, setzt du dich noch 'nen Moment zu mir? Wie war dein Tag?«

Er: »Wie immer.«

Ich: »Erzähl mir was aus deinem Leben!«

Er: »Ey, brauchst du gerade menschliche Wärme, oder was?«

Ich: »Jahaa ...«

Er: »Ich mach dir 'ne Wärmflasche.«

Ich: »*Menschliche* Wärme ...«

Er: »Ich kann dir 'n Gesicht draufmalen.«

II.

Der Sohn sitzt am Keyboard und spielt mithilfe eines Musikprogramms eine Melodie in den Rechner.

Ich: »Das klingt schön!«

Er: »Warte, ich muss es noch humanizen.«

Ich: »Du musst was?«

Er: »... *humanizen*, dann klingt es nicht so perfekt und deshalb echter.«

Ich: »Dafür gibt's einen eigenen Regler?«

Er: »Yep.«

Ich: »Geht das auch mit Mathe?«

Er: »Nope.«

III.

Es klingelt an der Tür, der Sohn nimmt den Hörer der Gegensprechanlage ab:

»Ja, hallo?«

Pause. Verwirrter Blick. Dann: »Hä, hat einer von euch was zu essen bestellt?«

Ich: »Äh, nee, warum?«

Er: »Der sagt: ›Baguette für Sie!‹«

IV.

Der Sohn sitzt am Keyboard und spielt mithilfe eines Musikprogramms eine Melodie in den Rechner.

Ich: »In welcher Tonart spielst du das?«

Er: »Ich glaube, das ist G-Hashtag.«

V.

Der Sohn sitzt am Keyboard und spielt mithilfe eines Musikprogramms eine Melodie in den Rechner.

Er: »Oh, jetzt hätte ich mir fast den Kopfhörer in den Mund und den Apfel ins Ohr gesteckt.«

VI.
Der Sohn sitzt am ... PC und zockt.

Ich: »Hey, wie war's in der Schule?«

Er: »Schule halt. Bio war ganz interessant. Wenn so ein Schnabeltier noch 'nen Daumen hätte, wär' das voll der krasse Endgegner.«

VII.
Der Sohn sitzt am PC und zockt.

Ich: »Ey, kannst du mich mal angucken, wenn ich mit dir rede?!«

Er: »Warte kurz. Ich rede mit dir, wenn ich tot bin.«

Ich auch, dachte ich da. Ich rede auch mit euch, wenn ich tot bin, wartet's nur ab. Oder noch besser: Vorher bringe ich euren Kindern heimlich jede Menge schlechter Witze bei. Und wenn ihr dann empört fragt: »Wer hat euch den Scheiß beigebracht?!«, dann sagen sie: »Deine Mudda!«

Ich glaube, das wird ein großer Spaß.

Amigo

1979. Mein Name ist Susanne, ich wohne am Hindenburg-damm 54 in 1000 Berlin 45, und nach den Ferien komme ich in die dritte Klasse.

Lesen ist mein Lieblingsfach. Und seit ich lesen kann, fällt mir auf, wie oft das Wort »Amigo« in unserer Gegend auf-taucht. Auf Häuserwänden oder Bauzäunen, meistens ganz groß mit schwarzer Farbe gepinselt: »Ami go«.

»Ami go home«.

Ich hab schon versucht herauszufinden, was das bedeutet, aber die Erwachsenen sagen, das ist kompliziert.

Es hat jedenfalls was mit den Amerikanern zu tun. Ameri-kaner mag ich. Also beide Sorten.

Amerikaner gibt's bei Hillmann, in hell und dunkel, direkt neben den Rosinenbrötchen.

Und Amerikaner gibt's im Panzer, auch in hell und dun-kel. Mindestens einmal im Jahr, im Sommer, donnert eine ganze Parade unsere Straße hinunter, schon Minuten vorher scheppern die alten Lampen an der Decke. Meine Eltern hal-ten sich immer die Ohren zu oder gehen so lange ins Hin-terzimmer, aber ich freue mich und gehe zum Winken raus. Die Soldaten winken meistens zurück. Einmal hat einer so-gar Bonbons zu uns auf den Balkon geworfen.

Wenn es ein heißer Tag ist, dann erkennt man das Muster der Panzerspuren im Asphalt noch Wochen später.

Nächste Woche fahren wir wieder nach drüben, nach Ost-Berlin.

Wenn wir in den Osten fahren, nehmen wir immer die S-Bahn zur Friedrichstraße. Eigentlich fahren wir dann nach Norden, aber mein Bruder sagt, wenn man in Berlin wohnt, ist überall Osten, auch im Norden. Und im Westen auch.

Erdkunde ist echt schwierig.

Tante Biggi hat gesagt, sie will mir bei unserm nächsten Besuch einen Palast zeigen, da sind überall ganz viele kleine Lämmchen drin, sagt sie, überall. Darauf freue ich mich, ich mag Tiere sehr gerne.

Meine Eltern freuen sich nicht so. Sie sind jedes Mal froh, wenn wir abends wieder durch die Kontrollen sind und auf den Holzbänken in der S-Bahn sitzen. Dann geht's zurück, an den Geisterbahnhöfen vorbei ... Potsdamer Platz, Unter den Linden ... Das ist ganz schön unheimlich, da ist ganz komisches Licht, aber einen Geist hab ich trotzdem noch nie gesehen.

Wenn wir aus dem Tunnel raus sind, machen meine Eltern erst mal die Schiebefenster runter und holen tief Luft.

Unter jedem Schiebefenster ist ein Schild, auf dem steht »Bitte nicht hinauslehnen«. Bei manchen sind Buchstaben weggekratzt. Da steht »Bitte nicht hin s eh en«. Ich mache beides sehr gerne. Hinauslehnen. Und hinsehen. Aber nur, wenn keiner guckt.

Schnitt.

1989. November. Ich bin in den Vorbereitungen für die Abiklausuren, und während ich über Büchern zur Politischen

Weltkunde sitze, verpasse ich fast, dass dort draußen gerade Weltgeschichte geschrieben wird. Als die Meldungen über den Fernsehsender laufen, sind alle ungläubig. Die Grenze – *offen?* Ich bin verwirrt. Auf dem Bildschirm: jubelnde Menschen.

Vor dem Bildschirm: Mein Vater murmelt kryptische Sätze vor sich hin, mein Bruder geht früh schlafen, meine Mutter fängt an zu putzen.

Tine und Suse holen mich ab, Gott sei Dank, wir fahren an den Ku'damm, haben sie entschieden.

Und dort, in einem Meer aus jubelnden Menschen, Wunderkerzen und halbtrockenem Sekt, zwischen Wodka und Schultheiss, hupenden Autos und übermütigem Verbrüderungsgesang, begreife ich langsam, dass das alles gerade wirklich geschieht. Die Lichterketten. Die Proteste. Es hat funktioniert.

Berlin an diesem Abend ist eine einzige Umarmung.

Die nächsten Tage sind verrückt. Mit einem Mal wohne ich nicht mehr am südlichen Stadtrand, sondern in einer Durchgangsstraße. Hellblaue Trabbis an lindgrünem Mercedes. Ich fahre in gefederten Polstersesseln zur Schule, denn die BVG hat kurzerhand Reisebusse eingesetzt, um den Besucheransturm aus Teltow und Kleinmachnow irgendwie zu bewältigen. Meine Abiklausur in Politischer Weltkunde drei Monate später schreibe ich über den »Systemvergleich DDR – Bundesrepublik«, während die auswendig gelernten Fakten dort draußen bereits zerbröseln wie die Mauer unter den Spechten.

Schnitt.

2019. Wieder November. 30 Jahre ist sie nun her, die friedliche Revolution. Vor 30 Jahren endete mein Leben als Insulanerin, meine Insel ist zum Land geworden.

Manchmal ist die Grenze immer noch in unseren Köpfen, wenn wir durch Berlin fahren. Auf den Lesebühnen in Mitte bin ich »die aus dem Westen«. Das merke man zum Beispiel daran, dass ich nicht berlinere, hat der Kollege Ahne mal gesagt, aber ick kann dir sagen, Kollege, dit ist nich', weil ick nich' könnte, wenn ick wollte. Durften wa nich'. Ooch im Westen durfte man nicht allet. Berlinern zum Beispiel, berlinern jing nicht im Westen, det war 'n No-Go, zu Deutsch: 'n »Jeht nich', vastehste«.

Humor ist eine Hilfe. Jakob Hein hat mir vor ein paar Tagen eine Mail geschrieben und von den Feierlichkeiten erzählt, die am Alex geplant sind. Das sei so ein Platz in der Mitte der Stadt, ob ich den Weg wüsste. Als ich antwortete, das würde ich bis dahin schon irgendwie recherchieren, schrieb er mir:

»Liebe Susanne, das mit dem Alex ist gar nicht so schwierig. Der heißt eigentlich ›Alexanderplatz‹ und liegt im Stadtbezirk Berlin-Mitte (ehemaliger Osten). Du kannst mit der S-Bahn kommen, die wohl mittlerweile direkt an einer Art ›Bahnhof‹ dort hält (also, was wir Ossis so nennen, für euch ist das eher eine Baracke). Dort könnten wir dich dann mit Winkelementen abholen. Die S-Bahn fährt wochentags zweimal in der Stunde bis 19 Uhr, und nachts könnten wir dich dann direkt zum Übergang bringen, dann findest du nach Hause.«

Ich hab ihm geschrieben, dass ich zum Dank ein Pfund Jacobs Krönung mitbringe und von meinem Zwangsumtausch einen Kirschlikör ausgebe.

2019 also.

Ich freue mich auf die gemeinsame Weiterreise. Das Hinsehen. Das Hinauslehnen. Und das gemeinsame Lachen.

Bestanden!

Mein großer Sohn hat seinen Führerschein bestanden. Hammer!

Ich erinnere mich noch so genau an die Tage, als wir dachten: »O Gott, er wird NIE laufen!« Dicht gefolgt von: »O Gott, er wird NIE sein Abi schaffen!« Und jetzt? Zack, Führerschein.

Jetzt stehe ich da. Ehrlich gesagt, ich wollte ihn eigentlich nur an der Fahrschule abholen, um ihn zu trösten. Ich hatte nicht die Bohne damit gerechnet, dass er gleich beim ersten Versuch mit dem Lappen um die Ecke kommt.

Während er in der Fahrschule noch auf irgendein Formular warten muss, besorge ich nebenan schnell eine Flasche Sekt zum Anstoßen und ein paar Blumen im Geschäft an der Ecke.

Die Floristin fragt nach dem Anlass, ich erzähle ihr vom frisch bestandenen Führerschein. Beim Erzählen merke ich, dass ich stolz bin wie Bolle. Seltsam. Aber vielleicht liegt es daran, dass ich selbst nie den Führerschein gemacht habe.

Zum einen, weil ich in Berlin aufgewachsen bin und man hier auch ohne Auto klarkommt. Zum anderen, weil ich mich schlichtweg nie so richtig getraut habe.

Denn was den Straßenverkehr in Berlin angeht ... – Sagen wir es so: Ich finde herumlaufen schon herausfordernd genug.

Jeder Mensch hat ja seine Stärken und Schwächen. Auch Problemlösungsstrategien sind bei jedem andere.

Ich zum Beispiel bin vom Typ her eine, die, wenn ein Problem auftaucht, erst mal einen Schritt zurücktritt und das Ganze mit Ruhe von allen Seiten betrachtet, um dann auf der Grundlage ihrer Beobachtungen und mit Bedacht zu entscheiden, wie sie sich dazu verhält. So weit, so gut.

Wenn ich mir das jetzt aber beim Einfädeln auf der A100 vorstelle ... – Nein, ich glaube, Auto fahren und ich, das wäre eine unheilige Kombination. Würde ich auch nur einen Moment lang unsicher sein, ob die Lücke ausreichend groß ist oder nicht – ich glaube, ich würde erst mal auf den Standstreifen fahren und nachdenken.

Ich hatte mal eine Mitschülerin, die auf einer Kursfahrt einen heftigen Skiunfall hatte, sie war frontal in einen Baum gefahren. Den einzigen weit und breit, muss man leider sagen. Als man sie später im Krankenhaus fragte, wie das passieren konnte, hatte sie geantwortet: »Ich konnte mich einfach nicht entscheiden, ob ich rechts oder links vorbeifahren soll.«

Ich verstehe das so gut! Beim nächsten Klassentreffen werde ich sie mal fragen, ob sie inzwischen einen Führerschein hat. Also falls sie sich entscheiden kann hinzugehen. Und ich mich auch ...

Die Blumenhändlerin jedenfalls ist ganz beglückt, als sie von der bestandenen Fahrprüfung hört. Ihr Vater sei auch Fahrlehrer gewesen, erzählt sie mir ganz aufgeregt, sie selbst hätte auch bei ihm fahren gelernt. Während sie ein paar Margeriten bindet (ich hatte mich kurz konzentrieren müssen, um nicht fünf Margaritas zu ordern), höre ich ihr beim Plaudern zu, gerne sogar, denn sie hat sichtlich Freude am Erinnern und

Erzählen. Die Glocke an der Eingangstür läutet, eine weitere Frau betritt das Geschäft und schaut sich um, während die Blumenhändlerin gerade den wunderbaren Satz sagt: »Wissen Sie, mein Vater hatte ja auch immer viele Durchfälle!«

Die neue Kundin schaut irritiert auf, ich kann es ihr nicht verdenken.

»Wirklich viele Durchfälle ...«, raunt die Blumenhändlerin und zwinkert uns zu. »Dafür war er bekannt bei uns im Ort, wissen Sie. Bekannt und gefürchtet! Aber irgendwie war er da auch stolz drauf.«

Ich überbringe Sekt und Blumen in bester Laune.

Am nächsten Tag bin ich leider gerade in der Stadt unterwegs, als mein Großer den ersten Ausflug mit dem Familienauto unternimmt und seinen Vater und seinen Bruder zu Getränke Hoffmann fährt. Ich wäre natürlich gerne dabei gewesen. Auch beim Einparken, das muss in der Prüfung richtig gut gelaufen sein. Er erzählte ganz stolz, dass der Prüfer am Schluss anerkennend gesagt habe: »Na, das war ja das beste Einparken seit Monaten!«

Da er mein Sohn ist, hat er darauf treu geantwortet mit: »Danke, für mich auch.«

Als ich nach Hause komme, will ich natürlich alles über den ersten Ausflug wissen.

»Na? Na?«, sprudele ich: »Erzähl! Wie war's? Wie hast du dich gefühlt? Wie kommst du mit dem Wagen klar? Komisches Gefühl? Irgendwelche Schwierigkeiten? Warst du aufgeregt? Wie war die Fahrt?«

Er schmunzelt ein bisschen und nimmt mich in den Arm.

»Still«, sagt er.

Harmlos

Im Urlaub habe ich mir einen schwarzen Jogginganzug gekauft. Das ist sonst nicht so mein Stil, aber in Schweden waren die Abende recht kühl, und ich brauchte was Gemütliches, um nach dem Bad im 15 Grad kalten See am Lagerfeuer sitzen, Sterne gucken und kokeln zu können.

Nun ist der Urlaub vorbei, Berlin hat mich wieder.

Als mein großer Sohn in die Küche kommt, bereite ich gerade das Abendessen vor und höre ein bisschen Inforadio.

Ich trage meinen schwarzen Kapuzenpulli, der Sohn sagt: »Hey cool, voll das Rapperoutfit!« Anerkennend gibt er mir ein High Five.

»Danke«, sage ich, »hab ich aus Schweden. Hab auch noch 'ne passende Jogginghose dazu.«

»Du hast wohl die Kontrolle über dein Leben verloren«, sagt er, ohne mit der Wimper zu zucken. Ich fürchte zwar, damit hat er ein bisschen recht, aber das sage ich nicht laut.

Der Radiosprecher setzt gerade zu den Verkehrsmeldungen an, A10, nördlicher Berliner Ring ... Der Große will das Radio ausschalten, um Musik zu hören. Das ist mir recht, aber ich halte seinen Arm ein paar Sekunden zurück, dann schalte ich das Radio selber aus.

»Was war das jetzt?«, fragt er.

»Ich wollte nur warten, bis der Satz zu Ende ist«, sage ich.

»Das hast du jetzt nicht wirklich gesagt, oder?«, staunt er und versucht vergeblich, ein Kichern zu unterdrücken.

»Na ja. Doch, mach ich eigentlich immer ...«

»Du wartest mit dem Ausschalten des Radios immer, bis der Sprecher seinen Satz zu Ende gesprochen hat?«

»Ja, schon. Normal, oder? Ist doch irgendwie unhöflich so mittendrin.«

Er denkt kurz nach, dann sagt er, dass ihm dazu viele Wörter einfallen würden, aber »normal« sei nicht darunter.

Er kriegt sich gar nicht mehr ein, langsam bin ich doch ein bisschen gekränkt, er nimmt mich kurz in den Arm, schenkt mir einen versöhnlichen Blick – läuft dann aber nach hinten, um es seinem Bruder zu erzählen.

Die ziehen mich öfter mal mit meiner vermeintlichen Harmlosigkeit auf.

Wenn ich bei der Radtour mal wieder für Spatzen bremse, zum Beispiel. Oder für eine Ameisenstraße. Wenn ich sie bitte, ihre Musik leiser zu drehen, nicht wegen der Lautstärke, sondern weil mich dieser harte Deutschrap sprachlich wie sozial so gegen den Strich bürstet.

Oder wenn ich niesen muss, was im September öfter mal vorkommt. Ich weiß nicht, ob es noch mehr Menschen auf der Welt gibt, die eine Sonnenblumenallergie haben, die Jungs jedenfalls finden, das passt irgendwie zu meinem Charakter.

Ich mag diese Schublade nicht, in die sie mich da stecken. So uncool find ich mich gar nicht.

Ich meine, ist es zu viel verlangt, dass sie sich in meiner Gegenwart nicht gegenseitig als Hurensohn titulieren?

Ansonsten bin ich durchaus aufgeschlossen, mich auch ihrer Welt ein bisschen zu öffnen. Ich habe auf Twitter jetzt sogar den Kölner Dom abonniert. Der schickt zu jeder vollen Stunde die Glockenschläge. Also nicht den Sound, nur das Wort. »Dong« steht dann um 13 Uhr auf meinem Display. Das ist ja mal ganz nett, aber gehört jetzt nicht unbedingt zu den Dingen, die mein Leben reicher machen.

Auch bei Jodel habe ich mich auf Empfehlung meiner Kinder angemeldet.

Jodel ist eine Plattform, die nach eigenen Angaben den Austausch der Menschen im Guten fördern möchte. Alles ist sehr positiv gestaltet, man begegnet manchem Buddha, und für einen Post, der viele Likes bekommt, erhält man entsprechend Karmapunkte. So weit, so gut.

Es gibt verschiedene Gruppen, denen man beitreten kann. Mein Sohn empfahl mir »Flachwitze«, den »Manni-Channel« (Erlebnisse mit Busfahrern, die hier nur Manni heißen) und einen Kanal namens »Gossip«.

»Was ist das für einer?«, frage ich.

»Na, Gossip halt, da lästern die Leute mal so richtig hemmungslos über ihre Mitmenschen ab.«

Zugegeben, ein ganz kleiner Teil von mir ist jetzt ziemlich neugierig, ein anderer allerdings rebelliert lautstark: So richtig nach Gutmenschentum und Karmapunkten klingt das für mich nicht.

Gucken wir doch mal, wie die Community hier wirklich tickt. Meine Blümchenbilder und Anekdoten haben null Resonanz erzielt, jetzt setze ich mal einen Testballon ab. Ist ja alles anonym.

Text: »So sauer gerade. Hat hier jemand Erfahrung mit kleinen Racheakten?«

Die Antworten kommen im Sekundentakt.

»Katzenstreu ins Müsli«, lautet die erste Empfehlung. »Lebensmittelfarbe ins Haarshampoo, Wodka in die Wasserflasche«, schreibt ein anderer.

Dann wird es subtiler.

»Du kannst in der ganzen Wohnung die Möbel verrücken, aber nur ein winziges bisschen, genau so viel, dass man sich überall stößt.«

Wow. Bisher war mein Horizont in puncto Rache nicht über Kressesamen auf dem Flokati hinausgekommen. Aber hier tun sich ja noch mal ganz neue Welten auf.

»Spann Klarsichtfolie übers Klo«, schreibt einer, eine andere empfiehlt, den Labello gegen einen Pritt-Stift auszutauschen: »Großes Kino«, verspricht sie.

Als die Anleitung dafür kommt, wie man einen Brühwürfel in den Duschkopf schraubt, wird mir ein bisschen schlecht, und ich höre auf zu lesen. Das muss ich erst mal sacken lassen.

Das Abendessen ist fertig, meine Kinder kommen an den Tisch.

»Wie gefällt dir eigentlich Jodel?«, fragt der Große. Beim Reinkommen stößt er sich den Zeh am Esstisch.

»Och«, sage ich. »Ist lebensnäher, als ich dachte.«

Michael

Mittwochabend, ich bin als Gast zu einer Lesebühne in Kreuzberg eingeladen und steige einigermaßen aufgeregt in den 186er-Bus Richtung Innenstadt.

Es ist sehr voll, aber in einem der Viererabteile im hinteren Bereich ist noch Platz. Ich lasse mich auf den Platz am Gang fallen und will noch mal in meinen Text schauen. Da tippt mich der junge Mann, der mir schräg gegenübersitzt, vorsichtig an. Er deutet auf die Stelle, an der offensichtlich der Nothammer fehlt.

»Guck mal«, sagt er. »Dis hat jemand weggenommen. Dis is' gar nich' gut, wenn dis jemand wegnimmt.«

»Das stimmt«, sage ich und begegne kurz seinem aufgeregten Blick hinter den extrem dicken Brillengläsern, bevor ich wieder in meiner Tasche krame.

»Wie alt bist du?«, fragt er.

Ich schaue ihn etwas ratlos an. Einerseits ist er herzzerreißend freundlich, andererseits hört der gesamte Bus auffallend unauffällig zu.

»Ich bin siebenunddreißigdreiviertel!«, sagt er stolz, dann: »Bist du in meinem Alter?«

»Na ja«, antworte ich. »Ich bin ein bisschen älter als du.«

»Wie viel?«

»Zehn Jahre älter«, sage ich.

»Siebenundvierzigdreiviertel?«

»Ja, so ungefähr.«

»Dann bist du nur so ungefähr in meinem Alter, oder?«

»Ja, so kann man das sagen.«

»Ich heiße Michael«, sagt er feierlich und reicht mir seine Hand.

»Hallo, Michael. Ich bin Sabine«, erwidere ich und gebe ihm meine Hand, die er hocherfreut und sehr konzentriert zweimal von ganz oben nach ganz unten schüttelt. Ich hab kein schlechtes Gewissen wegen des geschwindelten Namens, schließlich hört der ganze Bus zu. Außerdem wurde ich von Kollegen beim »Frühschoppen« anfangs so oft Sabine genannt, dass ich inzwischen das Gefühl habe, tatsächlich ein bisschen Sabine zu heißen.

»Wohin fährst du?«, fragt Michael. Ich füge mich in mein Schicksal und packe meine Unterlagen in den Rucksack.

Wenn ich jetzt antworte: »Zu einer Lesebühne«, dann führt das nur zu Verwirrung. »Zu Freunden«, antworte ich also, und auch das ist nicht so ganz gelogen.

»Boah«, sagt Michael staunend. »Zu Freunden, echt? Da freust du dich, oder? Oder?«

»Ja«, sag ich. »Da freue ich mich.«

Er erzählt mir, dass er auf dem Weg in die Schloßstraße ist, um einzukaufen. Ganz alleine. Anerkennend hebe ich den Daumen. Er auch. So sitzen wir eine Weile da und freuen uns. Langsam groove ich mich ein in dieses Gespräch.

»Wann kommst du nach Hause?«, fragt er.

»Oh, das wird sicher spät.«

»Schlaf ich dann schon?«

»Bestimmt«, sage ich. Dann hält unser Bus am U-Bahnhof, ich muss aussteigen. Wir verabschieden uns und winken uns durch die Scheibe noch einmal zu.

Beseelt fahre ich weiter. Danke, Michael. So ätzend es manchmal ist in Bus und Bahn, manchmal tut es gut, nicht zu sehr hinter Lesestoff oder Handy abzutauchen und den Blick ein wenig zu heben.

Heute bin ich ungefähr siebenundvierzigdreiviertel, gut gelaunt und auf dem Weg zu Freunden. Diese Erkenntnis wäre mir vor lauter Eile fast entgangen.

Als gäb's kein Morgen mehr

Die sonnigsten Menschen, die mir in meinem beruflichen Umfeld im Gesundheitswesen begegnet sind, waren seltsamerweise stets die, die viel mit Sterbenden zu tun hatten. Vor allem die Kolleginnen und Kollegen in den Hospizen sind mir stets mit ihren offenen Gesichtern, ihrer gelassenen Weitsicht und ihrem nicht totzukriegenden Sinn für Humor aufgefallen.

Au weia, »nicht totzukriegen«, darf ich das in diesem Zusammenhang überhaupt schreiben?

Ist das ... pietätvoll?

Derzeit habe auch ich viel mit Sterbenden zu tun, diesmal leider nicht im beruflichen Kontext. Und sollte mich jemand nach den Dingen fragen, die mir in dieser schwierigen Zeit hilfreich sind, kann ich so viel verraten:

Pietät ist es nicht.

Die Natur wäre da zu nennen.

Ja, die Natur wäre weit oben auf der Liste der hilfreichen Dinge. Das Laub, das Wetter, die Jahreszeiten.

Gestern hat mir mein Sohn eine Kastanie zugesteckt, die ich seither in der Hosentasche herumtrage. Ich mag es, sie anzufühlen. Und sie erinnert mich daran, dass da draußen gerade der Sommer zu Ende geht, wie jedes Jahr, einfach so, von ganz alleine. Der Natur ist es schnuppe, hinter welchen Fenstern ich gerade sitze und Hände halte. Sie lässt die Winde los, sie schmeißt die Kastanien von den Bäumen, die ich dann beim Spazieren immer so gerne über die Gehsteigplatten kicke. Oder Eicheln. Kennt ihr das Geräusch, das Eicheln machen, wenn man mit dem Fahrrad darüberfährt? Davon kann ich gar nicht genug kriegen.

All das ist da, wie jedes Jahr. Das bringt mich zum Lächeln. Der Boden unter meinen Füßen, er ist übersät von Kastanien und Eicheln.

Was wäre noch auf meiner Liste?

Ganz klar: Kontakt.

Gespräche, Nachrichten, Gedanken. Ganz normaler Kontakt, zu den Menschen und dem Alltag in der Welt da draußen. Das vergisst man sonst nämlich allzu leicht, dass sie noch da ist, die Welt.

Also: Her mit euren bunten Bildern vom Apfelfest in Brandenburg, her mit dem Tratsch im Treppenhaus, her mit den Beziehungsfragen, her mit dem Ärger über den Handwerker und der Freude über den neuen Späti an der Ecke. Leben. Ich höre zu. Oder ich höre weg. Und ich atme. Das ist viel.

Und wenn wir schon dabei sind: Humor.

Bitte hört nicht auf, mir komische Sachen aus euerm Leben zu erzählen. Und mehr noch: Bitte hört nicht auf, mit mir zu lachen.

Denn auch am Rande einer Sterbebegleitung gibt es skurrile Situationen, von denen ich erzählen muss. Sonst platze ich.

Das kann mal unfreiwillige Komik sein.

Wenn die Schwester mit der Spritze reinkommt und sagt: »Ich geb Ihnen nur eben was gegen die Beruhigung …«

»Danke!«, möchte man da rufen. »Solange es nichts für die Schmerzen ist!«

Und manchmal ist es auch gar kein Versprecher.

Sondern jenes gewagte Geflachse zwischen einer Pflegekraft und einer Patientin, die sich über die Wochen im Hospiz schon gut kennengelernt haben und um den Humorhorizont des Gegenübers wissen. Gestern zum Beispiel, nach einer ausgedehnten Diskussion über die sehr genaue Vorstellung der Patientin, wie und wann genau das Schmerzzäpfchen nun verabreicht werden soll, sagte der Pfleger irgendwann: »Ach wissen Se watt, Frau K., ick kann's Ihnen auch einfach auf den Rollstuhl legen, dann müssen Se beim Hinsetzen nur jut zielen.«

Beide lachten. Ich verschluckte mich an meinem Tee.

Diese Souveränität auf dem schmalen Grat zwischen Drama und schwarzem Humor, die würde ich mir manchmal wünschen. Ich arbeite dran. Man versucht, was geht, und gibt, was man hat.

Als mein Vater im Sterben lag und schon nicht mehr ansprechbar war, habe ich ihm manchmal Lieder vorgesummt. Einmal habe ich sogar einen kleinen Lautsprecher mitgenommen und über mein Handy ein paar richtig schöne Lieder abgespielt. Erst die »Vier Jahreszeiten« … Dann ein bisschen *Simon & Garfunkel* … *Kings of Convenience* … Wir hatten ja Zeit, ich fand das sehr schön und beruhigend.

Dann kam mir ganz plötzlich die Erkenntnis, dass mein Vater sein Leben lang ganz andere Musik gemocht hatte: Volksmusik. Blasmusik. *Ernst Mosch und seine Original Eger-*

länder Musikanten. Verdammt, dachte ich plötzlich, was mache ich hier eigentlich?

Ein Bild tauchte auf: Ich liege im Sterben. Und meine Kinder kommen mit ihrer Lieblingsmusik! Werde ich am Ende zu Kollegah und Farid Bang sterben? Ich vermute, das würde den Prozess immerhin ziemlich beschleunigen.

Kurzum – ich schaltete die Box schnell wieder aus ...

Es endete damit, dass ich meinem Vater das »Kufsteinlied« vorsummte. Dann ein paar Volkslieder. Und als mir partout nichts anderes mehr einfiel, die Nationalhymne. Es gibt Momente, da hat man nichts mehr zu verlieren.

Mir fiel in diesem Zusammenhang ein, dass meine Hebamme mir mal erzählt hat von der sehr unterschiedlichen Musik, die die Schwangeren mit in den Kreißsaal bringen. Von Heavy Metal bis Loreena McKennitt ist da alles dabei. Eine junge Frau aus Bayern habe tatsächlich mal zu Marschmusik entbunden. Andere würden vielleicht gerne zu Marschmusik sterben, denke ich nun.

So nah liegen die Dinge halt manchmal beieinander.

Über den Beginn des Lebens wird so viel gesprochen. Und über sein Ende so viel geschwiegen.

Eines *meiner* Lieblingslieder ist übrigens von Philipp Poisel, in ihm heißt es: »Ich hab getanzt, als gäb's kein Morgen mehr«.

Warum nun haben ausgerechnet die Menschen, die mit Sterbenden arbeiten, die quasi jeden Tag im Angesicht der Ewigkeit verbringen, oft so ein sonniges Gemüt?

Die Formulierung »als gäb's kein Morgen mehr« wird in

unserem Sprachgebrauch ja eher benutzt für Momente, in denen man es irgendwie übertreibt. Also, vermeintlich übertreibt, denn ich glaube, dass es letztlich genau darum geht: Wir sollten alle ein bisschen mehr leben, als gäb's kein Morgen mehr.

Wir sollten alle ein bisschen mehr leben.

Alles zurück

Da isses nu, das neue Jahr. Und das ist gut so, ich war mit dem alten auch wirklich durch.

Mit einer Wunderkerze schreibe ich die Zahlen in die Luft: 2021. Wahnsinn. Gerade erst war Jahrtausendwende, und zack, ist dieses Jahrtausend auch schon wieder erwachsen. Mein älterer Sohn auch: einundzwanzig. Unglaublich.

Unwillkürlich treiben meine Gedanken zurück, und ich frage mich, was bei mir so anstand, damals, als ich in seinem Alter war.

Wie immer, wenn meine Gedanken treiben, besteht die Gefahr, dass ich dabei einer gewissen Nostalgie erliege, die den Rückblick auf die Jugend völlig verklärt ... Als Boyfriends noch keine Jeans waren. Und Cookies noch Kekse ... Oder noch weiter zurück in jene Kindertage, als ich noch dachte: Ein grausamer Mensch, das ist jemand, der eine leere After-Eight-Hülle wieder zurück in die Packung legt ...

In Wahrheit jedoch war mein Leben damals bestimmt von Widerständen und Widerworten, von feiern und finden, von Aufbruch und Absturz. Neben all dem Selbstwertgedöns und den unglücklichen Lieben hatte man auch noch die Revolte gegen das Elternhaus und die politische Neuausrichtung an der Backe. Voll das Leben halt.

Man sieht es nicht mehr so, aber ein bisschen 21 wohnt mir

auch heute noch inne. Gut, alles nicht mehr so wild wie früher. Irgendwo habe ich neulich den Satz gelesen: »Punk ist nicht tot, Punk muss jetzt nur nachts dreimal Pipi.« Ich glaube, das trifft's ganz gut.

Wie sieht es nun aus mit der nächsten Generation?

Letzte Woche gab es da diesen Wortwechsel, der mich ein wenig nachdenklich zurückließ.

Ich ging abends noch mal los, auf einen Wein zu einer Freundin. Der eine Sohn sagte streng: »Aber du fährst mit den Öffentlichen, oder?«

Und der andere ergänzte: »Und komm nicht wieder so spät nach Hause, morgen früh ist die Nacht vorbei!«

Ich weiß nicht mehr genau, ob er dabei den Zeigefinger erhoben hat, es fühlte sich jedenfalls so an. Und als ich im Treppenhaus stand, schloss er leise die Tür hinter mir, damit es nicht so laut knallt. »Wegen der Nachbarn«.

Was ist da los? Ist es das, was die Leute damals meinten mit diesem Satz »Früher oder später kriegst du alles zurück«? Dass meine Kinder sich heute benehmen wie meine Eltern?!

Ich habe meine Freundinnen gefragt, manche haben ähnliche Erfahrungen gemacht.

Elas Stieftochter zum Beispiel ist auch 21 und hat kürzlich geheiratet, nicht ohne sich im Jahr zuvor offiziell zu verloben, versteht sich. Auf der Wunschliste für die Geschenke standen Leinenservietten und ein Besteckkasten. Seither führt sie, wie sie erklärt, ein erfülltes Leben als Hausfrau und redet mit leuchtenden Augen über Tricks und Kniffe beim Spannbettlakenfalten. Und wenn Ela sie mit ihrem – zugegebenermaßen etwas chaotischen, aber überaus sympathischen – Auto vom Bahnhof abholt, schaut sie naserümpfend auf die Sitze und flötet mit spitzen Lippen Sätze wie: »Ich ziehe nur mal eben den Mantel aus, der war gerade in der Reinigung.«

Emily, die Freundin meines Sohnes, stand vor ein paar Jahren schon mal neben mir in der Küche und berichtete beiläufig aus dem abenteuerlichen Hippie-Leben ihrer Mutter. Ich erinnere mich, wie sie kopfschüttelnd mit dem Satz schloss: »Ich weiß auch nicht, was da los ist mit eurer Generation. Schau mich an, ich bin 16 und so gut wie verheiratet.«

Ich habe es geschafft, das nicht zu kommentieren, musste mich danach aber erst mal betrinken.

Was kommt als Nächstes? Treten sie in schlagende Verbindungen ein? Oder in die Tanzschule Keller? Schließen sie am Ende gar einen Bausparvertrag ab?

Im Sommer hatten wir ihnen Konzertkarten für das *Lollapalooza*-Festival besorgt, damit sie mal so richtig schön losziehen können. Sie kamen früher als erwartet nach Hause. Und warum? Es hatte ihnen gut gefallen, sagten sie, aber sie wollten aus taktischen Gründen eine frühere S-Bahn nehmen, damit sie einen Sitzplatz bekommen. Einen *Sitzplatz*!

Diese Generation – sie ist mir ein wenig unheimlich. Mittlerweile schleichen der Mann und ich uns immer heimlich rein, wenn wir mal abends weg waren. Besonders wenn wir was getrunken haben. Das merken sie sofort. Wir gehen unseren Jungs auch deshalb aus dem Weg, weil die ständigen Fragen nerven, wann wir endlich heiraten. Sie finden, 25 Jahre wilde Ehe seien jetzt mal genug.

Aber was soll ich sagen: Das Essen ist gut, und auch das mit der Wäsche ist schon sehr bequem, sodass wir die Zähne zusammenbeißen und uns wohl doch noch ein bisschen arrangieren, solang wir die Füße unter ihren Tisch stellen ...

Dank

Ich war schon immer die mit dem Notizbuch. Kleine Begegnungen, das etwas Schräge und Absurde am Rande des Alltags hatten es mir schon immer angetan, nur ab und zu schrieb ich Episoden daraus in Briefen oder E-Mails für den Freundeskreis auf.

Eine Freundin war es auch, die mir im Juni 2015 einen Schubs gab, meine Texte mal in die Welt zu bringen. Plötzlich war da eine Bühne aufgebaut und der ganze Innenhof voller Leute. Himmel! Was genau mich damals vor dem Weglaufen bewahrt hat, kann ich bis heute nicht sagen. Aber so gab es ihn dann, diesen einen Moment: Ich las etwas vor – und irgendwo in den hinteren Reihen lachte jemand.

Ich dachte verwundert: »Ich *kenne* doch niemanden, der da hinten sitzt ...?«, und verstand, dass ich wildfremde Menschen mit meinen Geschichten zum Lächeln oder gar Lachen bringen konnte. Ohne mich zu verstellen, einfach nur, indem ich erzählte. Ein unbeschreibliches Gefühl!

Seither bin ich auf den Bühnen unterwegs.
Was für eine Reise!

Und ich bin dabei nicht allein:
Ich danke meinen Freundinnen und Freunden für ihre liebevolle und ermutigende Begleitung. Sie lesen nicht nur mei-

ne Geschichten, sie lesen mir auch die Leviten, wenn es mal nötig ist.

Ich danke meiner wunderbaren Familie dafür, dass sie da ist und nicht müde wird, mit mir über uns zu lachen. 'ohana!

Ich danke meinen Berliner Lesekolleg*innen dafür, dass sie mich auf meine mittelalten Tage so freundlich in ihre Reihen aufgenommen haben.

Ich danke dem Satyr Verlag für seine Traute.

Und ich danke allen, die ich hier nicht namentlich nenne, für ihre Nachsicht: Ihr wisst schon.

Lasst uns weiterhin mit Ingwertee googeln, Perlhühner töpfern, den Alltag feiern und versuchen, die Sterne mit Sektkorken zu treffen.

Susanne Riedel
Januar 2021

Als Paar ergänzen sich Stan und Britta fast perfekt: Er sorgt dafür, dass sie trotz ihrer prekären Situation nicht den Lebensmut verliert. Sie verheimlicht ihm, wie aussichtslos die Lage tatsächlich ist. Gemeinsam brechen sie nach Brügge auf. Zu einem spontanen Wochenendtrip. Denkt Stan. Dabei folgt die Reise einem ganz anderen Plan. Denkt Britta. Doch dann nimmt Eddie auf dem Rücksitz ihres Volvos Platz, ein mysteriöser Fremder im Hermelinmantel mit Urne im Gepäck …

Katinka Buddenkottes neuer Roman ist ein wahnwitziger Roadtrip, eine Geschichte über die Liebe und ihre Vergänglichkeit: aufrichtig, humorvoll, ohne Klischees und voller Lebenshunger.

»*Katinka Buddenkotte schafft es, über die letzten Fragen des Lebens mit Tiefgang und Klugheit zu schreiben und dabei durchgehend schreiend komisch zu bleiben.*« (WDR 5)

Katinka Buddenkotte
Eddie muss weg
Neu als Taschenbuch, 285 S., 12 €
ISBN: 978-3-947106-44-8

SATYR VERLAG

Für eine Frau jenseits der dreißig steckt die Gegenwart voller Fragen: Kann man jetzt noch eine Punkband gründen? Sind Viererbeziehungen nicht doch besser als Zweierbeziehungen? Wenn man dem Mann den Rücken krault, ist das schon unbezahlte Care-Arbeit? Und wann beginnt endlich die soziale Weltrevolution?

Die Titanic-Kolumnistin Ella Carina Werner gehört zu den besten Satiriker*innen Deutschlands. Sie ist eine ebenso warmherzige wie gewiefte Geschichtenerzählerin und eine der humorvollsten Kämpferinnen für den Feminismus.

»Ich freue mich so über dieses Buch, ich küsse den Boden, auf dem es geht.«
Margarete Stokowski

»Hier gluckert das reine Wasser der Satire. Wie Kafka nach einem guten Joint.«
spiegel.de

Ella Carina Werner
Der Untergang des Abendkleides
Hardcover, 172 S., 18 €
ISBN: 978-3-947106-48-6